Marie Luise Kaschnitz
Wohin denn ich

Die kleine Reihe

Marie Luise Kaschnitz

Wohin denn ich

Aufzeichnungen

Büchergilde Gutenberg

Lizenzausgabe für die Büchergilde Gutenberg
Frankfurt am Main und Wien
mit freundlicher Genehmigung des
Claassen Verlages GmbH, Hildesheim

Einbandgestaltung Heinrich Thomas, Heidesheim
Herstellung Margot Mayer, Erzhausen
Satz Utesch Satztechnik, Hamburg
Druck Oldenbourg Graphische Betriebe, Kirchheim
Bindung Großbuchbinderei Monheim, Monheim
Printed in Germany ISBN 3 7632 4160 4

Eines Tages bin ich zurückgekommen, zurück woher, davon werde ich später sprechen, jetzt nur so viel sagen, daß ich fort war, lange und weit fort. Wenn Sie wissen wollen, wer hier spricht, welches Ich, so ist es das meine und auch wieder nicht, aus wem spräche immer nur das eigene Ich. Eine Beschreibung kann ich nicht liefern, auch keine Angaben machen, ausgenommen die: besondere Kennzeichen keine, ein Zeitgenosse also, genauer gesagt, eine Zeitgenossin, großäugig (damit ich dich besser sehen kann), großohrig (damit ich dich besser hören kann), stark und hinfällig wie wir alle und wie wir alle jung und uralt. Ein Sack voll Erinnerungen, die nicht gehütet, voll Erfahrungen, die nicht genützt werden, ein Plappermaul, das nicht schweigen will, ein altes Weib, und was gibt es Schlimmeres, aber auch eine Sängerin, eine Tänzerin aus dem Geschlechte Jubals, wie der hochmütige Kain. Jemand also drehte mich um, als ich schon im Begriff war, ganz zu verschwinden, tatsächlich hatte ich die Erde aufgekratzt, um dir zu folgen, und war mit Trauer unter den Nägeln zurückgeblieben, denn die Erde hatte sich gesperrt. Der Jemand führte ein Telefongespräch mit mir, seine Stimme war mir unbekannt, seinen Namen kannte ich nicht. Das Telefongespräch fand am 12. September eines nun schon weit zurückliegenden Jahres statt, morgens um neun Uhr, der Mann sprach gewiß zehn Minuten lang, und was er sagte, war so befremdlich, daß ich glaubte, er habe falsch gewählt. Schon aus seinen ersten Worten ging hervor, daß er mich für eine Schriftstellerin hielt. Ich widersprach, ich war gar nichts und gar niemand, nicht einmal eine edle Trauernde, der Schmerz verdummt, der Schmerz vertiert. Er bestand auf seiner Meinung, rief mir auch einige Buchtitel ins Gedächtnis zurück, die mir zwar nicht unbekannt waren, die in mir aber keineswegs ein freudiges Erstaunen, sondern Widerwillen erregten. »Mag sein«, sagte ich, »aber ich schreibe nicht mehr, denn ich sehe nichts mehr und höre auch nichts mehr, wenn Sie wollen, kann ich Ihnen eine andere Adresse geben.« – »Mein Auftrag ist für Sie persönlich«, sagte der Mann. Er sprach dann sehr schnell, eine Gelegenheit, ihn zu unterbrechen, bot sich nicht mehr. »Haben Sie mich verstanden?« fragte er am Schluß. »Nein«, sagte ich. »Sie hören von mir«, sagte er. Tatsächlich hörte ich bereits am nächsten Tag von ihm, wenn auch nicht durch das Telefon. Ich erhielt ein Telegramm, das als dringend bezeichnet war und für das der Bote die drei Treppen zu meiner Wohnung in bedrohlichen Sprüngen nahm.

Es versteht sich, daß die Gebrechen, mit denen ich mich dem fremden Anrufer gegenüber herauszureden versuchte, nicht wörtlich zu nehmen sind. Ich hatte die letzten drei Jahre hindurch ein ziemlich normales Leben geführt, und wie ja auch Schwerhörige und Schwachsichtige im Verstecken ihrer Mängel eine gewisse Virtuosität entwickeln, war ich geschickt genug gewesen, mir nicht anmerken zu lassen, daß kein an mich gerichtetes Wort mich erreichte, daß kein in meine Augen fallendes Bild bis auf den Grund meines Bewußtseins drang. Ein weltaufgeschlossener Mensch macht, seines eigentlichen Lebensinhaltes beraubt, nicht plötzlich ein finster diabolisches Gesicht, er behält die Gesten seiner früheren Person bei, trägt sogar ihr Lächeln zur Schau. Obwohl ihn selbst nichts mehr angeht, berücksichtigt er doch noch, was die andern angeht. Mit der Maske seines früheren Wesens getarnt, läßt er seinem Stumpfsinn, seiner Gleichgültigkeit den weitesten Raum. An Beschäftigungen, die auch von einem Krüppel ausgeführt werden können, fehlt es bekanntlich nicht.

Aus meinem Merkbuch, an dessen kurze Aufzeichnungen ich mich auch im folgenden zu halten gedenke, geht hervor, daß ich die erste der mir vorgeschriebenen Reisen bereits Mitte September unternommen habe. Den Vortrag, den ich in einer übrigens nahe meinem Wohnort gelegenen Stadt zu halten hatte, konnte ich bei dem Mangel an Vorbereitungszeit natürlich nicht für diesen Zweck verfassen. Ich mußte also, was meinem Auftraggeber nur recht war, aus meinen früheren Arbeiten etwas heraussuchen, von dem ich annehmen konnte, daß es noch einiges Interesse verdiene. Meine Manuskripte sind in einer alten Schreibkommode untergebracht, die auf so wackeligen Beinen steht, daß man, um etwas herauszuholen, auf dem Fußboden kniend das Möbel mit dem Kopf stützen muß, während man an den altmodischen Messinggriffen der beiden Schubladen zieht. Daß, als es mir endlich gelang, eine der Laden zu öffnen, eine Staubwolke, eine muffig riechende, mir um den Kopf flog, hätte mich stutzig machen müssen. Ich bekam aber die gesuchte Arbeit gleich in die Hand und überlas sie, mit dem Kopf noch halb in der Kommode steckend, mit jener Mischung aus Ekel und Bewunderung, die wir den Manifestationen einer fernen Vergangenheit gegenüber empfinden. Der Versuch, der sich mit theoretischen Problemen der Dichtung beschäftigte, mochte auch für einen Vortrag hingehen. Was für eine Kurzsichtigkeit. Nichts mag hingehen, nichts ist anpaßbar, nichts wird verziehen.

Reise nach M., steht in meinem Merkbuch, aber das ist wenig, wenn man bedenkt, daß ich auf dieser Fahrt eigentlich zum erstenmal wieder etwas ins Auge faßte, gierig, wie man in Notzeiten ein schlechtes Essen mit Heißhunger, aber auch mit Ekel verschlingt. Der für mich bestellte schweigsame Chauffeur fuhr überaus schnell, so daß ich glaubte, mit aufpassen zu müssen, wenn ich mir auch keinen Einwand gestattet hätte. Bei dem im sinkenden Abend recht geisterhaften Begegnen, Überholen und Vorbeilassen völlig anonymer, aber von Menschen gelenkter Fahrzeuge überkam mich tatsächlich etwas wie Übelkeit, aber auch eine mir ganz fremd gewordene Neigung, alles auszukosten und aus dem beständig wechselnden Kraftfeld selbst eine Kraft zu ziehen. Von meinem über der Landschaft hinfließenden Asphaltstreifen sah ich nicht nur diese, eine Stadtlandschaft übrigens, mit auf dem Acker stehenden Hochhäusern, Trabantensiedlungen, Gasanstalten und Funktürmen, sondern auch die dazwischen gelegten Reststücke der Natur, Flußtälchen und Wiesenstreifen, aus denen, als seien nur gerade sie noch der Verschleierung zugänglich, ein feiner blauer Nebel sich erhob. Die Vorwärtsbewegung war heftig und willkürlich, militärische Fahrzeuge, die offenbar alle ein und demselben Troß angehörten, versuchten fortwährend einander zu überholen, wobei sie mit rotglühenden Armstümpfen winkend ihren Nachfolgern den Weg abschnitten – in dem nach kurzer Zeit erreichten, nächtlich wirkenden Wald schienen vollends ganze Herden von entfesselten und geradezu bösartigen Metalltieren unterwegs zu sein. Trotzdem hatte ich, besonders als wir uns einer vom ersten Mondlicht erhellten Verteileranlage näherten und die Wagen auf dem großen, mild beschienenen Kleeblatt hierhin und dorthin auswichen, das Gefühl, als seien alle diese schattenhaft am Steuer hockenden Fahrer nur Staffage, als seien sie in den Führersitz mit kleinen Bolzen eingesteckt und völlig unnütz, da eine Fernsteuerung längst den ganzen Ablauf regierte. Der Wald roch nach Wald, trotz allem, und seine Schneisen, so blitzschnell passiert, ließen, nicht anders als vom Fenster eines langsam fahrenden Zuges gesehen, in mir die Geheimnisse ihrer Unbegangenheit und Unbegehbarkeit zurück.

Es ist mir wichtig, noch einmal zu sagen, daß ich natürlich an jenem Abend nicht zum erstenmal auf einer Autostraße, oder wie der richtige Name lautet, auf einer Autobahn fuhr. Ich war nur während der vergangenen Jahre bei solchen Anlässen gewissermaßen nicht anwesend, ich bestand aus lauter krüppelhaften, unfertigen Stümpfen: Hände ohne Finger, Füße ohne Zehen, Gesicht ohne Augen und Nase, alles eingezogen, wie etwas, wofür man keine Verwendung mehr hat. In diesen Zustand fiel ich noch verschiedentlich zurück. Am selben Abend, und zwar kaum daß ich in der mir fremden Stadt und vor einem großen grauen Gebäude den Wagen verlassen hatte, starben meine Organe wieder ab und ließen nur ein leises Kribbeln, eine mir bisher unbekannte Nervenerregung zurück. Ich kann infolgedessen nicht sagen, welcher Art das Gebäude, dessen Treppe ich jetzt zögernd hinaufstieg, war. Der Geruch war der einer altmodischen Schule, Sandstein, nasse Kindermäntel, Kinderleiden und eine grelle und zugleich schnarrende Klingel trieb mich am Ende mit Riesenschritten der erleuchteten Halle zu. Wenn ich geglaubt hatte, hier von meinem Auftraggeber empfangen zu werden, so sah ich mich gleich getäuscht. Aus den plaudernd herumstehenden Gruppen von Menschen, Erwachsenen, nicht Kindern, löste sich keine Gestalt, niemand schien mich zu erwarten, niemand sprach mich an. Ich folgte schließlich den langsam, fast unwillig einer breit geöffneten Tür Zustrebenden und trat in einen kaum zur Hälfte gefüllten Saal. Obwohl doch offensichtlich niemand in mir die Rednerin vermutete, wurde gleich nach meinem Eintritt die Türe hinter mir geschlossen. Ich ging zum Podium, eine plötzliche Angst, am falschen Orte und also eigentlich gar nicht vorhanden zu sein, schnürte mir die Kehle zu. In meiner Erregung begann ich, schon vortragend, auf dem langen Podium hin und her zu wandern und bemerkte dabei in der ersten Reihe das runde Gesicht eines jungen Menschen, der mit ratlosem Blick meine Schritte verfolgte, so wie etwa die Zuschauer in Wimbledon ihre Köpfe nach den hin- und herfliegenden Bällen mit mathematischer Pünktlichkeit drehen. Erschrocken blieb ich am Pult stehen und las das weitere ab. Da ich lange nicht öffentlich gelesen oder gesprochen hatte, bemühte ich mich vor allem um das Mechanische, so als hinge von einer glatten Hervorbringung der Wörter und Sätze alles ab – tatsächlich gibt es da Fallstricke und Hindernisse genug. Was ich las, war mir fremd, wie aus einem anderen Leben oder von einem anderen Menschen geschrieben, eine abgeworfene Haut, die bereits stank. Der Beifall war denn auch matt, ein Ausdruck der Höflichkeit, weiter nichts. Ein Zusammensein mit den Veranstaltern oder Einladern, wie es bei späteren Vorträgen beinahe zur Regel wurde, fand an jenem Abend nicht statt. Der Chauffeur erwartete mich in der Vorhalle und brachte mich mit seinem Wagen heim. Es hatte inzwischen geregnet und regnete noch, ein starker Wind jagte das Wasser in Böen über die Straße, in der fast vollkommenen Finsternis trieben die roten Schlußlichter der eilig hinhuschenden Wagen ein dämonisches Spiel. Der Chauffeur hatte am Armaturenbrett eine Plakette befestigt, auf der, von einem Blumenkränzchen umrahmt, die Worte »Pappi, fahr langsam« standen. Ich fragte ihn nach seinen Kindern, aber es erwies sich, daß er keine hatte, nicht einmal verheiratet war.

Trotz des verwirrenden Eindrucks, den meine erste Vortragsreise auf mich gemacht hatte, war ich doch in den nächsten Tagen keineswegs trübe gestimmt. Beinahe mit jeder Post bekam ich jetzt Briefe oder Drucksachen von jenem unbekannten Herrn, der mich am 12. September angerufen und mich am 15. hatte abholen lassen, er hieß Welte oder Welter, ich habe seine Unterschrift nie genau entziffern können. Seine Briefe beschäftigten sich mit einem umfangreichen Reiseprogramm, das er für mich aufstellen wollte, später gab er auch genaue Termine für meine Vorträge an. In großen offenen und als Drucksache frankierten Umschlägen befanden sich Hotelprospekte und Fahrpläne, einmal sogar eine Karte von Europa, auf der mit roter Tusche meine Reiseroute angegeben war. Es erwies sich, daß ich zwar nach meinen ersten Vorträgen noch jeweils nach Hause zurückkehren konnte, daß aber später davon nicht mehr die Rede sein sollte, die Entfernungen waren zu groß. Darüber allerdings erschrak ich sehr. Vielleicht wurde mir erst in diesem Augenblick klar, wieviel meine kleine Großstadtwohnung mir bedeutete, mein Grund und Boden, gezeichnet von unzählbaren Schritten – man hat ja ausgerechnet, daß eine Hausfrau in ihrer Wohnung ein paarmal den Erdball umwandert, und wieviel Fremdland, wieviel terra incognita wird da entdeckt. Ich erinnere nur an die geisterhaften Arbeitsgeräusche, die in einer längst verlassenen Wohnung oder Werkstatt noch jahrelang zu hören sind, so wie etwa auf einer entvölkerten Erde die Geräusche von Heuwendern, Mähdreschern, Sägen noch lange (aber für wen?) vernehmbar sein werden. Ich also hatte in meiner Wohnung, einem rechten Dutzendquartier übrigens, Wurzel geschlagen, wie ein anderer in fettem Marschland, ein feines Wurzelwerk, das auch die Wände heraufgekrochen war und mich umsponnen hatte; da saß ich im Knäuel, im Kokon, deutlicher gesagt, in drei Zimmern mit vielen Spiegeln, in die ich nur selten blickte, während sich die Dinge nach Herzenslust darin äfften – eine Karte der mittelalterlichen Stadt Rom hat mit ihrem spiegelverkehrten Straßenbild schon manchen Gast in Verwunderung versetzt. Jetzt schien es mir, als begännen angesichts meiner immer längeren Abwesenheiten diese Spiegel und altmodischen Möbelstücke (kein Teakholz) sich bereits mit Schleiern zu bedecken. Wie in Wohnungen, deren Besitzer verreist sind, schieden sie schon den Staub aus, der ihnen doch noch gar nicht zukam, durch die Luft noch nicht zukam, und machten gekränkte Gesichter, als stände der Mann mit dem Hammer schon zur Versteigerung bereit. Von dieser Veränderung habe ich, wie gesagt, in den Tagen nach meinem ersten Vortrag bereits Notiz genommen, und sie hat mich nicht wenig erschreckt. Daß ich trotzdem guten Mutes blieb oder es eigentlich in jener Zeit erst wurde, hat seine Ursache in meiner neuen Art von Anwesenheit, in der ich mich damals übte, so wie man, auf einer noch sehr niedrigen Stufe der Klaviertechnik, mit viel Vergnügen chromatische, auseinanderlaufende Tonleitern übt.

Chromatisch allerdings und auseinanderlaufend ging es in dieser Zeit mit mir voran, eine schwarze Taste, eine weiße Taste, wobei die Farben Schwarz und Weiß so wenig wie auf dem Klavier ein Werturteil in sich schließen. Es mußte nur alles erklettert werden, dem geschickten Fingersetzen kam dabei einige Bedeutung zu. An dem freilich fehlte es noch, es entstanden Stockungen, Ratlosigkeiten, die es mir ganz unfaßbar erscheinen ließen, daß ich früher bestimmte Vorsätze glatt ausgeführt, also, um bei dem musikalischen Bild zu bleiben, recht schwere Stücke fehlerlos zum besten gegeben hatte. Die Besorgungen zum Beispiel, die ich zu machen hatte, mißrieten mir über der Verwunderlichkeit gewisser ganz nebensächlicher Erscheinungen, wie etwa einer Reklame für Waschmaschinen: ein junger Mann schrubbte da, mechanisch in Bewegung gesetzt, unablässig auf einem Wellholz über einem altmodischen Zuber, grünblonde strohige Haare fielen ihm bei jeder seiner abgehackten Bewegungen in die niedere, verzweifelt gefurchte Stirn. Dieses Schaufensterspektakel war ein harmlos-friedliches, gemessen an dem, das mitten im dichtesten Wagenverkehr der Innenstadt eine überfahrene Katze bot. Das junge schwarzgefleckte Tier drehte sich, auf dem Rücken liegend, mit angezogenen Beinen wie wahnsinnig im Kreise, die Wagen machten in kaum verminderter Geschwindigkeit kleine gefällige Bogen, von den Fußgängern wagte keiner, natürlich auch ich nicht, sich diesem rotierenden Entsetzen, diesem Brennpunkt allen Schmerzes zu nahen. Solche Dinge sah ich in der Stadt, auch beim Friseur, rechts hinter meinem Stuhl eine Polsterbank, auf der, mit dottergelben Frottiertüchern über den

Schultern, zwei Frauen saßen, die ihre nach hinten gebeugten stark verkürzten Köpfe mit den weißüberschäumten naßschwarzen Haaren, ihre glatten weißen Kehlen in fürchterlicher Ergebenheit einem unsichtbaren Schlachtmesser darzubieten schienen.

In den Straßen fand ich manches verändert, die Häuserfronten aufgelöst in gläserne Wandelhallen, zwischen ganzen Völkern von schönen, in zutunlicher Gebärde erstarrten Gespenstern wandelte man da, tausend Scheren hingen blitzend, geschliffen und bösmäulig aufgeklappt, Tausende von Weckern zeigten mit leuchtfarbenen Pfeilen verschiedene Stunden an. Ich betrachtete das alles mit Neugierde, ja mit einer mir ganz fremd gewordenen Teilnahme, sah auch einmal, seitlich auf einen Schaufensterspiegel zutretend, eine dort hinter dem Pfeiler hervortretende ältere Frau, von der ich fand, daß sie mir ähnlich sah, auch den meinen ähnliche Kleider trug. Mein Erstaunen, ja, mein Erschrecken war wohl entschuldbar, die Hitze war in jenen Tagen groß und unheimlich, da sie gar nicht von der schon schwach und nicht mehr bis zum Zenit aufsteigenden Sonne verursacht wurde, sondern von einem tropenher einströmenden beharrlich wehenden Wind. Nachts fiel dann der Tau so stark und übermäßig, daß man über die Parkwiesen am Morgen wie durch blankes Wasser ging. Die Abende aber waren noch heiß, gekochte Luft hing unter den dieses Jahr besonders dicht belaubten, noch kaum entfärbten Bäumen. Auf der Wiese warfen in der frühen Dämmerung Schatten einander schattenhafte Bälle zu, der Mond erschien als ein zartes Komma, zwischen zwei Phasen der Hilflosigkeit gestellt.

Ich übte also, und nicht nur in dem eben angedeuteten Sinn. Den Auftrag, in verschiedenen Städten des Inlandes und Auslandes Vorträge zu halten, hatte ich angenommen, ohne recht zu wissen warum. Es gibt Menschen, die leicht zu überreden, man muß schon sagen, zu überfahren sind, weil es ihnen an der nötigen Übersicht und Geistesgegenwart fehlt. Die mit überzeugender Stimme geäußerten Worte, es muß sein, rufen in ihnen uralte und verdächtige Instinkte der Selbstaufgabe und des Dienenwollens wach. Nach der Notwendigkeit solchen Dienens fragen sie erst später, wobei ihnen freilich dann auch schon die ersten Bedenken kommen. Bei mir war es noch nicht so weit. Ich beschäftigte mich mit meinem Vortrag (es sollte überall derselbe gehalten werden) zunächst nur aus Gewissenhaftigkeit und mehr mit der Sprache als mit dem Inhalt, der mir immerhin noch des Anhörens wert erschien. Ich war beim ersten Vorlesen gelegentlich in eine raschere Gangart, ja, in ein nervöses Hetzen verfallen, was immer ein deutliches Zeichen dafür ist, daß verödete Stellen überwunden, das heißt, dem Zuhörer nach Möglichkeit verkürzt werden müssen. Diese Stellen galt es nun zu bewässern und aufzuforsten, die frischere Luft stellte sich dann gewiß von selber ein. Ich gab mir Mühe, gab sie mir, wie schon die Redensart andeutet, als etwas, das mir selbst zugute kam, da es meinem nun langgewohnten Zustand dieses Hindämmerns und Hindösens ein Ende machte, in dem Sinne, in dem Aufmerksamkeit bereits als eine Art von Religion zu bezeichnen ist. Die übrigens nur geringfügigen Änderungen taten dem Ganzen wohl, der Vortrag wirkte straffer und einheitlicher, so als habe es ihm nur an dieser kleinen Anstrengung gefehlt. Es kam nun gut heraus, was ich wollte (oder einmal gewollt hatte), nämlich den trostsüchtigen Leser in seine Schranken zurückweisen, ihm seinen alten Wunsch nach Erhebung und Erlösung austreiben, ihn im düsteren Gegenbild der Poesie diese selbst erkennen lassen. Ich hatte das alles in einem verbindlichen Stil geschrieben, ohne Verachtung, und bei aller Strenge nur bemüht, dem Hörer eine Welt zu erschließen, die, karger und häßlicher als die der vergangenen Jahrhunderte, gleichwohl sein Einverständnis verdiente. Was den Dichter anbetrifft, so hatte ich ihn mit einem Wächter verglichen, dem im Gegensatz zu den glücklichen Augen des Goetheschen Türmers das Unerfreuliche und Häßliche nicht aus dem Sinn kommt, der aber mit seinem beständigen Aufmerken und Festhalten der Schrecknisse diesen selbst schon etwas von ihrem Schrecken nimmt. Diesen Text las ich jetzt mehrmals am Tage laut, vor allem, um meine Stimme zu üben. Sie hatte, wie ich glaubte, in M. flach und dünn, gleichsam körperlos geklungen und wahrscheinlich nur einen Teil der Zuhörer erreicht.

Die Hitze dauerte in jenem September lange an, wennschon die Sonne, die an dem Glühen und Brodeln unbeteiligt schien, früh verschleiert schon vor sechs Uhr unauffällig hinter den Häusern versank. Wenn ich, in die Stadt oder den Park unterwegs, die Treppe hinunterging, traf ich jetzt oft Leute aus meinem Hause, am häufigsten eine alte Frau mit indianerrotem Gesicht und weißen Locken, die mir, seit ich sie zuletzt wahrgenommen hatte, also seit drei Jahren, bedeutend verjüngt erschien. Jedesmal erzählte sie mir etwas aus ihrem Leben, wir standen dabei auf den Treppenstufen und sahen über den Grasplatz, auf dem die zum Trocknen aufgehängten Wäschestücke sich im immer noch tropischen Winde blähten. Die Geschichten der alten Dame waren verwirrend, einmal war die Rede von einem Wellensittich, der ihr zugeflogen war und der, auf ihrer Schulter sitzend, plötzlich angefangen hatte zu sprechen, lauter Zärtlichkeiten, wie ein verzauberter Mensch, wie ihr vor einem halben Jahrhundert verstorbener Bräutigam, was sie erschütterte und erregte. Ein anderer Vorfall war unerfreulicher, da hatte ein Neffe der alten Rentnerin das seit langem beiseitegelegte Sterbegeld abgeschwatzt, leihweise, um sich ein Schlafzimmer in geflammter Birke zu kaufen. Aber die ratenweise vereinbarte Rückzahlung blieb aus, und in vielen schlaflosen Nächten malte sich die alte Frau nun die entsetzlichste Schande, das Armenbegräbnis, aus. In ihrer Not trat sie einer Sekte bei, mußte im Hemd bis an den Hals in kaltes Wasser steigen und hörte die Bibel auslegen, die furchtbaren Prophezeiungen eines nahen Weltgerichts, von dem sie als neu Getaufte allerdings verschont werden sollte, über das sie in der Bibelstunde aber wie ein Kind auf der Schulbank Rede und Antwort stehen mußte, auch über die Geisterschlacht von Harmagedon, während ihr doch alles zu hoch war oder zu tief und also neue Demütigung bedeutete. Ich hörte ihr zu, versuchte sie auch zu trösten, lernte zum andern Male das Abc des Lebens, Enttäuschung, Erniedrigung, Versagen, lernte es mühsam und unwillig und brachte nichts zusammen, das heißt, in einen sinnvollen Zusammenhang, nicht einmal das Alleräußerlichste, die klagende Stimme und das stolze alte Gesicht.

Als Termin für meinen nächsten Vortrag war mir der 22. September angegeben worden, diesmal sollte ich die Reise mit dem Zug machen und in der etwa fünf Stunden entfernten Stadt übernachten. Ein Taxi brachte mich zur Bahn, und ich erstaunte über das seltsam blutleere Geplapper, das aus einem kleinen Apparat neben dem Führersitz in den Wagen drang, ein Hin- und Herreden von Stimmen, ein Austausch von Adressen, auch namenlose Fahrgäste, die an einer bestimmten Kreuzung winkend gesehen worden waren, wurden erwähnt. Ich stellte mir vor, wohin ein solches, auf alle Einwohner der Stadt ausgedehntes Rufsystem führen und wie da jeder seine geheimen Nöte äußern könnte, schon glaubte ich unter den Fragen und Antworten zartere, dringlichere Hilferufe zu vernehmen. In dem von mir lange nicht aufgesuchten Bahnhofsviertel sah ich neue Gebäude, die mich entzückten, gläserne Waben und Spindeln, durch deren enge Windungen schimmernde Wagen hinauf- und herunterglitten – dann, schon aus dem Zugfenster, riesige Herden von kleinen weißen Häusern, die der Stadt entflohen. Ich unterhielt mich mit einem jungen Mann, der von weit her, aus Texas, mit einem besonderen Anliegen in unsere Stadt gekommen war. Er hatte sich nämlich, und mit Erfolg, bemüht, Krebszellen zu erwerben. Diese Zellen hatten vor sechzig Jahren im Unterleib einer Frau zu wuchern begonnen, sie lebten und wucherten noch immer und wurden nun an wissenschaftliche Institute abgegeben, wodurch sie der jungen, bald nach ihrer lange zurückliegenden Operation gestorbenen Frau zu einer wunderlichen Art von Unsterblichkeit verhalfen. An diese Frau mußte ich noch denken, als ich am Abend auf dem Podium stand, das man diesmal mit Fransendecke, Polsterstuhl und Blumenstrauß in eine Art von bürgerlicher Wohnstube verwandelt hatte. Ich sah die Zellen in einem Glas von frischen Farben wechselweise durchflossen, und immer noch setzten sie ihr geheimnisvolles Wachstum fort. Trotz dieser Ablenkung las ich, ohne mich zu versprechen und ohne über meinen Text ins Stocken zu geraten. Am Ende wurde geklatscht, ich wurde sogar gebeten, in einige meiner zum Verkauf ausliegenden alten Bücher meinen Namen zu schreiben. Der Veranstalter des Vortragsabends, offenbar der Vorsitzende einer literarischen Gesellschaft, lud mich mit verschiedenen Mitgliedern der Vereinigung zu einem Imbiß ein. Bei diesem Essen, das in einem Kellerrestaurant stattfand, war zu meiner Erleichterung von meinem Vortrag und überhaupt von Literatur nicht mehr die Rede. Die Herren, die abwechselnd neben mir Platz nahmen, sprachen ausschließlich von sich selbst und von ihren geheimen Neigungen, die mir sehr merkwürdig erschienen. So besaß einer von ihnen eine Haarsammlung, als deren bedeutendstes Stück er nicht die schneebleiche Locke einer bekannten Filmschauspielerin, sondern ein im zoologischen Garten heimlich und nicht ohne Gefahr ausgerissenes Hyänenhaar bezeichnete. Ein anderer pflegte nach seiner Arbeit im Büro in ein nahe gelegenes Moor zu fahren, um dort Gräser, Blattpflanzen und Samenkolben, auch Wurzelstöcke zu sammeln, die er, auf bedeutsame Weise zusammengestellt, in flache Schalen pflanzte – er trug die Aufnahmen solcher Gebilde bei sich und zeigte sie im Kreise herum. Der ungewöhnlichste Tischgenosse war ohne Zweifel ein Dozent der Universität, der in einer kleinen handlichen Kartothek die grammatikalischen Fehler seiner Schüler mit sich führte, Pleonasmen, Substantivierung von Tätigkeitswörtern, falsch angewandte Konjunktive und so weiter, und der im Gespräch des öfteren in ebendiese Fehler verfiel. Spät erst ging man auseinander, wie ausgemacht, übernachtete ich im Hotel. Ich war übermüde, so als hätte man mir vermittels eines unsichtbaren raffinierten Pumpwerkes das Mark aus den Knochen gesogen. Die Lage des Hotels war ungünstig, durch das Dröhnen und Schüttern unaufhörlich vorüberfahrender Lastwagen geriet ich bald in einen Zustand dumpfer Verzweiflung, die ein zu jeder Viertelstunde erklingendes Glockenspiel noch erhöhte. Ich erinnerte mich an eine Spieluhr, die einmal im Luftschutzkeller nach einer überaus heftigen Detonation aus einem Kleiderbündel heraus zu spielen angefangen hatte, und wie auch damals erst dieser zarte ferne Klang uns das Schauerliche und Höllische unserer Lage zum Bewußtsein brachte.

Anfang Oktober schlug das Wetter um. Keine Gänge mehr durch den Park, kein Liegen unter der großen Weide am schwarzgrauen trägen Flüßchen, auf dem, wie mächtige Eisschollen, aber federleicht, reinweiße Schaumgebilde, Abfälle einer Holzverarbeitungsfabrik, trieben. Zu Hause läutete das Telefon jetzt mehrmals am Tag. Ich nahm den Hörer auf, immer gewärtig jenes verlegenen Schweigens und der darauffolgenden barschen Abwehr, mit der ein Unbekannter auf sein Versehen oder Danebengreifen reagiert. Ich war aber gemeint, war, jedenfalls in den Augen einiger Menschen, wieder jemand, nicht nur ein Körper, der schlafwandelt, ein Blick, der ins Leere starrt. Plötzlich sollte ich Artikel für Zeitungen schreiben, Aufsätze von Abiturienten nachsehen, auf Rundfragen antworten (Ihr liebstes Gedicht, Ihr schönstes Erlebnis), Mitglied eines Preisgerichts werden, offensichtlich waren alle diese Zumutungen als Folge meiner Vorträge anzusehen. Mit der mir eigenen, bereits erwähnten Dienstwilligkeit sagte ich zu und erschrak dann jedesmal, da ich mich dem nicht gewachsen, mich überhaupt noch nicht richtig erwachsen fühlte und schon das Lesen eines ganz einfachen Textes mir Mühe machte. Als die zu beurteilenden Manuskripte und Bücher dann wirklich eintrafen, begab ich mich sofort ans Werk, wobei mir die bescheidene Arbeit des Kennenlernens bereits als ein rechtes Abenteuer erschien. Als es mir zum erstenmal gelang, den Sinn des Geschriebenen zu begreifen, war ich so glücklich wie ein Kind, das zum erstenmal ein Firmenschild entziffert, die ersten von mir selbst geschriebenen kritischen Sätze ließen mich mir als ein neues Wesen erscheinen. Dabei war ich zu jener Zeit noch gar nicht imstande, anderes und mehr als das mir gerade Abverlangte zu überblicken. Obwohl das Geheimnis des Gelingens mich wahrscheinlich früher stark beschäftigt hatte, sprach ein gelungenes Gedicht, eine gelungene Geschichte mich jetzt nicht viel anders an als ein makellos gewachsener Baum oder als die phantastische Nachtflamme des Gasfeuers, die ich bei meiner letzten Bahnfahrt in der Nähe des Hauptbahnhofes hatte leuchten sehen. Die Gesetze oder Spielregeln des sogenannten kulturellen Lebens waren mir vollends fremd. Als ich zum erstenmal an einer Sitzung des Komitees »Pro Cultura« teilnahm, kam mir keine Erinnerung an frühere derartige Veranstaltungen zu Hilfe. Ich spürte Unheimliches, sah Unheimliches aufblitzen, unsichtbare Zeichen geheimen Einverständnisses wurden getauscht, eine Rätselsprache gesprochen, kurz, ein Spiel gespielt, dessen Regeln ich nicht verstand. Die fremden, einander höflich zulächelnden Gesichter erschreckten mich, besonders eines mit kleinen stechenden Augen, noch in der Nacht zeichnete es sich auf dem weißen von einer Bogenlampe beschienenen Vorhang meines Hotelzimmers ab und bewegte sich langsam, wie in einem mißbilligenden Kopfschütteln hin und her.

Nicht nur mit meinem bescheidenen Kleinrentnerinnenleben, sondern auch mit meiner stillen Todessehnsucht war es in diesen Wochen schon völlig vorbei. Von meinem Schreibtisch aufblickend, sah ich das Bild des Mannes, den ich verloren hatte, meines Mannes, wie ich zu seinen Lebzeiten arglos zu sagen pflegte, aber jetzt kam mir das Wort nicht mehr über die Lippen. Die Zeit, da ich ihn besessen hatte, war lang gewesen, aber die Ewigkeit war länger, aus ihr war er hervorgetreten, ihr gehörte er wieder an. Das Bild stammte aus dem Hungerjahr 1945, auf eine unheimliche Weise hatte der Maler die Leichenblässe, die dämonische Fremdheit seiner letzten Tage vorweggenommen, kalt und feindlich sah mich der Sterbende an. Die ganze Zeit über hatte ich mich seinem Blick gestellt, jetzt wich ich ihm aus, suchte die Photographien späterer reicher Jahre und legte auch diese beiseite, da ich ja noch immer umarmen wollte, während doch das Abbild, wie das Nachleben eines Toten, eine Fläche ist, die niemand umarmen kann. Das große Bild, das in mir die entsetzliche Vorstellung erweckte, du seiest an meiner Seite den Hungertod gestorben, stellte ich weg, stand aber jetzt während des Arbeitens oft auf, ging umher und betastete die Gegenstände, die deine Hände berührt hatten, und fand mich allein, ein Gefühl, das ich kaum gehabt hatte, als ich noch unbeschäftigt, das heißt, nur mit dir beschäftigt gewesen war. Ich sah jetzt auch manchmal in den Spiegel, fand mein Gesicht unstet, meine Augen koboldhaft und überlegte, was aus Frauen wird, die ein Menschenalter lang in der Liebe wie auf festem Boden stehen und die dann, verlassen, wieder flüchtig werden – wie ihre Haare, beständig gegen den Strich gekämmt, zu sprühen anfangen, wie sie irrsinnig kichern, wie der

Teufel einzieht in ihren einsamen Leib. Aus solchen Gedanken rettete ich mich in meine neuen bescheidenen Beschäftigungen zurück, schrieb auch an meine weit entfernt wohnende Tochter, brüstete mich mit meiner Tätigkeit und bekam Briefe, in denen sie auf das lebhafteste begrüßte, daß ich an der Welt wieder Anteil nahm. Dabei ging ich doch noch immer unsicher wie auf einer nassen und glatten Eisfläche, über die der Wind pfeift und unter der mit Baumkronen, Dächern und Gartenzäunen ein überschwemmter Landstrich schattenhaft zu sehen ist. Oft hörte ich in meinem behaglichen Zimmer ein flatterndes, scharrendes Geräusch, wenn ich aber das Fenster öffnete, blieb alles still, und kein Seelenvogel flog mir über die Schulter auf die nächtlichen Pappeln zu.

Meinem Merkbuch zufolge habe ich in der zweiten Oktoberhälfte, der Zeit vor meiner dritten Vortragsreise, mehrere meiner alten Freunde wiedergesehen. Merkwürdigerweise schienen diese sofort zu erkennen, daß meine Schonzeit vorüber war, behandelten mich wie ihresgleichen, überschwemmten mich mit Angestautem und rissen mich ins Weite, ohne zu bedenken, daß ich das Schwimmen verlernt hatte und mich nicht einmal dort, wo ich noch Grund unter den Füßen spürte, recht zu halten verstand. In meinem kindischen Bestreben, auch ihnen gegenüber alles von mir Erwartete zu erfüllen, begleitete ich eine an der Hundezucht interessierte Bekannte zu einer Vorführung, die die Polizei auf einem Platz in der Innenstadt veranstaltete. Obwohl es in meinem neuen Zustand des Lernens und Übens eigentlich keinen Ort hätte geben dürfen, an dem ich nichts zu suchen hatte, fühlte ich mich doch bei dieser Vorstellung von Anfang an unbehaglich, fast bedrückt. Die Prüflinge, große, bereits mit ihrem Winterfell ausgestattete deutsche Schäferhunde, saßen in Abständen auf dem mit Pflökken und Ketten abgezäunten Pflaster. Ihre Aufgabe war, ihren vorbeigehenden uniformierten Herren nicht zu folgen, auf der Stelle zu bleiben, etwas nicht Vorhandenes zu bewachen, keinen Laut zu geben. Man sah ihnen an, wie sehr der verlangte Gehorsam sie erregte, wie in großer Anstrengung ließen sie die Zungen heraushängen und keuchten, Wellen der Nervosität liefen ihnen über das dicke struppige Fell. Später war ein Verbrecher zu verbellen, eine ausgepolsterte Puppe mit speckigem Zivilistenhut anzufallen, ein Bretterzaun zu überklettern, wobei die schwarzen Leiber eher kriechend als springend und mit schwerfälligen Bewegungen das Hindernis überwanden. Trotz der von einer Polizeikapelle ausgeführten fröhlichen Marschmusik hatte die ganze Veranstaltung etwas Düsteres und Feindliches, man dachte an nächtliche Verfolgungen, gehetzte Menschen, an Bluthunde, die im grellen Scheinwerferlicht einen flüchtenden Häftling in den Stacheldraht treiben. Meine Bekannte fragte, was hast du, was ist dir, und schon klatschte ich gehorsam Beifall, während die Hunde an kurzer Leine fortgeführt wurden und die Zuschauer sich verzogen. Einige Tage darauf ging ich, wieder in Begleitung von Freunden, zu einer Gesellschaft, die die Stadt für eine Gruppe von ausländischen Juristen veranstaltete und bei der man, als solle hier nichts als das ewige Aneinandervorüber der Menschen demonstriert werden, im Stehen und Gehen sprach, aß und Hände schüttelte, sich auch wie unter einem Zwang von einem ernsten Gesicht, einem bedeutenderen Gespräch sofort abwandte, wie um ebendieser Schaustellung des nicht Verweilendürfens nicht im Wege zu sein. Auch hier keine Erinnerungen an ähnliche Zusammenkünfte (die ich doch des öfteren mitgemacht haben mußte), sondern eine viel weiter zurückgreifende: an elende finstere Schutzräume, in denen man mit ebenso fremden Menschen stundenlang, aber schweigend zusammengehockt hatte; auch, angesichts des Büfetts mit seinen in der Form von exotischen Blüten und phantastischen Tieren aufgetischten Speisen, ein anderes unpassendes Bild, nämlich das einer Verbotstafel, die das Durchwühlen der Abfalleimer nach Speiseresten untersagte, und das unserer Hände, die aus einem solchen Abfalleimer nasse Kohlstrünke zogen. Dabei ließ ich es mir doch schmecken, verspeiste mit den Augen das irisierende Licht der Kronleuchterfacetten, mit den Ohren das zornige und süße Summen der vom Alkohol belebten Stimmen, mit der Zunge die schmelzenden Bissen, die ich mir auf einem Igelstachel zwischen die Lippen schob. Ein paar Worte, die ich, schon nahe dem Ausgang, im Vorübergehen hörte, setzten dann freilich alles wieder ins rechte, das heißt, ins ungewisse Licht. Es war da nämlich von Todesurteilen die Rede. Eine Dame, offenbar die Frau eines höheren Juristen oder Militärs, schilderte, welche Qual es ihren Mann gekostet habe, Todesurteile zu unterschreiben. Wie er jedesmal mit seiner linken Hand die rechte habe packen und auf den Tisch legen, sie auch dort habe festhalten müssen, bis alles dreimal unterschrieben war. Die Frau sprach leise und erregt, ihre mit Ringen überladenen, welken Hände ahmten die Gebärde des Aufhebens und Festhaltens nach, und wie zum Weinen verzog sich der kleine lila geschminkte Mund.

Am 13. Oktober, zwei Tage vor meiner Reise nach H., erhielt ich eine Einladung des Rundfunks, der Herstellung einiger Szenen aus einem meiner alten Hörspiele beizuwohnen. Bevor ich hinging, suchte ich in der schon beschriebenen, schwer zu öffnenden Schublade den Text, der mir beim Lesen fremd, wie von einer anderen Person geschrieben, erschien. Es handelte sich um eine Hochzeit, bei der allerlei geisterhafte Wesen, Seelen der Ahnen und Naturgeister auftreten oder vielmehr zu Worte kommen, die Gäste in ratlosem Durcheinander ihre Absichten über das Heiraten von sich geben, bis dann zuletzt die Reise des jungen Paares »über den Berg« sich als ihr ganzes zukünftiges Leben enthüllt. Vergeblich versuchte ich mich zu erinnern, was mich auf den Gedanken gebracht hatte, dieses Hochzeitsstück zu schreiben, ich fand es zudem schlecht, trotz allen Geisterflüsterns und aller Gaukelei zu vordergründig und wenig interessant. Ich hatte es vor acht Jahren geschrieben, in sieben Jahren ist im menschlichen Organismus nichts mehr beim alten, alle Zellen sind neu – also in vier Jahren keine Zelle in mir, die dich noch gekannt hat, nur das wunderbare Gedächtnis, das alles weiterträgt, aber eben nur das Wesentliche, wie du warst vom Morgen bis zum Abend und vom Abend bis zum Morgen – weshalb ich denn auch noch leben muß, weil nur ich es weiß, wenn auch nicht sage, und weil es zugrunde geht, zum Grunde geht mit mir. Auf mein altes Rundfunkstück sprach nichts mehr in mir an, ich ging nur widerwillig in das mir übrigens wohlbekannte kreisrunde Gebäude, erkannte widerwillig die dünnen goldenen Säulen der runden Halle, auch das Labyrinthische der ganzen Schneckenanlage, in der man sich ohne Führer gar nicht zurechtfinden kann. Die kleinen dreieckigen und fünfeckigen Räume der Abteilung 4c hatte ich nie gesehen, auch nicht die Kommandobrücke wie auf einem Schiff oder in einer großen Industrieanlage mit ihren unzähligen Schaltern und Hebeln, aufleuchtenden und wieder erlöschenden Lämpchen, Scheiben, die sich drehten und wieder zur Ruhe kamen, ebensowenig die grell erleuchteten, aber muffig riechenden Kammern, deren Wände, mit Keilen von Glaswolle besteckt, den Stimmklang von Außenräumen (Höfen, Straßen, Wäldern!) vortäuschen sollten. Die Sprecher saßen hinter einer breiten Glasscheibe, sie blieben auch in den dramatischen Momenten ruhig sitzen und deuteten höchstens durch ein paar Handbewegungen die Besonderheiten der von ihnen dargestellten Personen an. Wie Leute, die ihren Zug nicht verpassen dürfen, sahen sie häufig auf die Uhr, auch schienen sie keineswegs das ganze Stück, sondern nur gerade ihren eigenen Auftritt zu kennen. Auf meine erstaunte Frage erfuhr ich, daß sie mit dem Flugzeug nur eben für die halbe Stunde dieser Aufnahme herbeigeeilt waren und außer ihren Gesprächspartnern keinen der Mitspieler je zu Gesicht bekommen würden. Dieser Mangel an Übersicht und Einsicht entsetzte mich, ich sah die kleine Welt meines gewiß nicht hervorragenden Spiels in Stükke geschlagen und ahnte doch schon beim Weggehen, daß die zerhackten Knöchlein wieder auferstehen und singen würden, wie ja aus so manchen unserer stückhaften und verirrten Bemühungen auf wunderbare Weise wieder ein Ganzes gerät.

Im Zug nach H. seltsame Zustände des Hinabtauchens in mein jüngst vergangenes Leben, das mir in der Erinnerung überaus glücklich erschien. Selbst im Nachtrauern, Nachsinnen noch war eine Geborgenheit, nach der ich mich bereits zurückzusehnen begann. Wer allein ist, wird unruhiger, wacher, aufmerksamer, von jeder Unruhe mitgerissen, wie ein Weidenzweig, den das strömende Wasser eines Baches mitreißt, wieder freigibt, wieder mitreißt, es ist da kein Ende abzusehen. Ich fragte mich, ob, wie jemand gesagt hat, wirklich Einsamkeit das natürliche Klima der Seele ist und ob diese bei mir neue gespannte Aufmerksamkeit mit allen daraus folgenden Ängsten und Bedrohungen den Einsamen die natürliche Lebensluft ist. Tatsächlich nahm an diesem Tage alles, was ich sah, den Charakter des Bedrohlichen an. Daß der Zug nach kaum einer Minute Aufenthalt nicht mehr rollend, sondern mit einem hellen Pfeifen und Rauschen den Bahnhof verließ, daß es unmöglich war, ein Fenster zu öffnen, und man also, abgeschlossen von Stadtluft, Waldluft, Kältehauch gleichsam von einem Ort zum andern geschossen wurde, schien mir kennzeichnend für eine Beschleunigung, die weniger von den Menschen hervorgerufen wurde, als daß sie ihnen geschah, auch schien mir diese Beschleunigung in der Zeit meiner Abwesenheit in ein neues unheimliches Stadium getreten zu sein. Mit solchen Gedanken beschäftigt, sah ich den Vortrag, den ich im Koffer liegen hatte, nicht mehr an. Es würde schon gutgehen, schien auch gar nicht mehr wichtig, gemessen an dem, was ich fahrend erfuhr, etwa der Stadt, die der Zug gegen Abend erreichte und die mein Reiseziel war: Schwarzes Wasser schon bei der Einfahrt, unübersichtlich mit Brücken und einander kreuzenden Schienenwegen und bunten, grell aufflammenden und wieder erlöschenden Werbezeichen und eben das unergründliche, dem Binnenländer immer als eine alte Ursprungszone erscheinende Element. Später in der Nacht das schmale Flüßchen ebenso schwarz, mit den weißen Schaumwellen des kleinen Dampfers, der da Holzsteg um Holzsteg mit der Pünktlichkeit einer Straßenbahn erreichte, aber das Tau mußte um den Pfahl geworfen und festgezogen werden, nicht anders als in den mir längst versunkenen Häfen des Bosporus und der Inseln im Ionischen Meer. Es war auch warm, nichts von nordischer Schneebleiche, und die Erlen und Weiden trugen ihre Schatten wie sommerliches Laub. Neugierig, dies alles bei Tage zu sehen, schlief ich kaum, es kam mir, während ich wach lag, auch zum Bewußtsein, daß ich neugierig war, begierig, das neue Bild der Welt mit neuen Augen aufzunehmen – dabei hatte ich doch auch schon Angst vor dem, was ich, vielleicht nicht gerade morgen, aber in der Zukunft, zu sehen bekommen sollte. Mein Auge, eine Linse wie die jenes Photographen, der sich anschickte, einen orientalischen Palast vor stahlblauem Himmel aufzunehmen, da gab es auf dem großen Platz vor den Stufen einen Tumult, Bewaffnete marschierten auf, Sultan und Hofstaat traten aus dem Portal, zwei reuige Aufrührer waren gekommen, um sich dem Sultan zu Füßen zu werfen, aber es war keine Rede von Verzeihung, den Aufrührern wurde der Kopf abgeschlagen und der gerade bereitstehende Photograph gezwungen, die ganze schauerliche Szene festzuhalten, was er mit geübter Geschicklichkeit tat. Danach wurde ihm schlecht, er fiel in Ohnmacht und fand sich am Ende im Staub liegend, da waren die Toten schon weggeschafft und die Tore des Palasts geschlossen, kein

Mensch weit und breit, nur der Mond, der den leeren Platz verschwenderisch beschien.

Mein Vortrag fand am 15. Oktober in einem Hörsaal der Hochschule statt. In eine helle Garderobe geführt, holte ich das Manuskript aus der Mappe und sah nach, ob die Seiten auch in der richtigen Reihenfolge lagen. Dabei kam ich ins Lesen und schrak zurück. Der Text schien sich seit dem letzten Mal verändert zu haben, so, als hätte er in der kurzen Zeit Staub und Schimmel angesetzt, er war veraltet, stimmte nicht mehr (zu was?), war der Verbesserung, vielleicht einer vollkommenen Erneuerung bedürftig. Ich starrte auf die Bogen, hörte von draußen die Schritte und Stimmen der Menschen, die den Saal langsam füllten, schließlich wurde die kleine Tür geöffnet, und ich mußte hinaus. Da ich nicht fähig bin, auch nur drei Sätze frei zu sprechen, mir auch so schnell gar nichts eingefallen wäre, was ich an die Stelle des Geschriebenen hätte setzen können, blieb mir nichts übrig, als den Vortrag aufs neue herunterzulesen, was ich unlustig, leise und mit Widerwillen tat. Die Zuhörer schienen aber von der Veränderung des Textes nichts zu bemerken, kein Protest regte sich am Ende, es wurde geklatscht und vielleicht stärker als je zuvor. Ich sah in die freundlich mir zugewandten Gesichter, schließlich glaubte ich einer Täuschung zum Opfer gefallen zu sein. Nach der Lesung saß ich, wie üblich, mit den Veranstaltern und ihren Freunden an einem Wirtshaustisch, aß mit gutem Appetit, verhielt mich auch, zum erstenmal, nicht völlig teilnahmslos, sondern fragte nach diesem und jenem, das mir am Tag in der Hafenstadt aufgefallen war. Meine Tischgenossen antworteten bereitwillig, von den Schiffen, die gerade im Hafen lagen, kam man auf die Segler, die gemeinsam und zur selben Zeit zu einer Fahrt auf hoher See aufbrechend, sich schon nach wenigen Stunden ganz aus den Augen verlieren. Durch keine Sendeanlage mit dem Festland verbunden, ist die kleine Besatzung völlig allein, wenn ein Mann über Bord geht, kann die Nachricht nicht übermittelt werden, also lebt er zu Hause noch wochenlang weiter, während draußen schon die Fische an ihm nagen. Auch von zwei Männern wurde erzählt, von denen der ältere, der Vater, ins Wasser fiel und der Sohn ihm nachsprang, ein Tau um den Leib geschlungen, an dem die im Boot Verbliebenen die beiden zurückziehen sollten. Das Tau erwies sich als zu kurz, der Sohn konnte den Vater nicht erreichen, wohl aber konnte er das Tau, diese Verbindung mit dem Leben und der Welt, durchschneiden und dem Vater folgen, wie ein Sohn dem Vater ja immer folgt, nur in größerem Zeitabstand, in das Ungewisse, in den Tod.

Auch von den großen verlorenen Schiffen war die Rede, auf denen alles in Ordnung ist, die Fracht schön gestapelt, die Öltanks gefüllt, die Vorratskammern und Kühlschränke mit allem Nötigen versehen. Gefrierfleisch, Reis und Hülsenfrüchte, genug um eine ganze Besatzung und einen Haufen Passagiere zu versorgen, nur daß eben kein Mensch an Bord ist, kein Mann der Besatzung und kein Passagier an Bord. Ein Name wurde genannt, eine Fanny Soundso, die trieb im Golfstrom zehntausend Seemeilen weit, geriet dann in den Seetang des Sargassomeeres und blieb dort stecken, machte sich frei und tauchte wieder auf, ein Schrecken der Seefahrt wie eine freigelassene Irre, bei der auch alles in Ordnung ist, Haare, Zähne, festes Fleisch, nur daß man nicht ahnt, was sie anstellen wird, weil man nicht weiß, wer über sie regiert. Das waren die Geschichten, die ich an jenem Abend zu hören bekam, außer einigen ganz nüchternen, aber nicht weniger erregenden Feststellungen, wie zum Beispiel der, daß die ersten Bewohner einsamer Inseln immer Spinnen sind. Sie geraten auf rätselhafte Weise übers Meer, lassen sich auf den kahlen Felsen nieder und spinnen ihre schönen leichten Netze, für die es noch keine Beute gibt.

Da war ich nun unterwegs und durfte nur immer für kurze Zeit noch heimkehren, ein Wanderjahr, aber eines mit einer hohen Ziffer, eines, in dem man gelernt hat, von sich abzusehen, und das tat ich auch, ich erlernte die Welt. Zum erstenmal seit vielen Jahrzehnten sah ich sie mit nur zwei Augen, ach, was da hineinfällt, sonderbare Dinge, Abgründiges, ganz Neues und ganz Altes, ich war darauf aus, mir ein Bild zu machen, aber sich ein Bild zu machen ist schwer. Zunächst blieb es bei dem Wasser und den Schiffen, auf einem Schiff fuhr ich über den Kanal, in dickem kalten Nebel übrigens, so daß ich unten im geheizten Aufenthaltsraum hätte sitzen und meinen Vortrag umarbeiten können, was doch notwendig war, er paßte mir nicht mehr und paßte nicht mehr. Schon der Titel »Das Amt des Dichters« war lächerlich und aufgeblasen, kein Wunder, daß nur an ihn zu denken mich in schlechte Laune versetzte. Etwas ganz anderes, dachte ich, ich wußte nichts, ich mußte erst noch lernen, noch sehen. Ich ging nachmittags an Deck, aber da war nichts zu erkennen, ganz langsam, wie in Urväterzeiten, fuhren wir in einem finsteren Konzert naher und ferner Nebelhörner einem unsichtbaren Gestade zu. Auch von der Stadt London bekam ich nicht viel zu sehen, nur daß dort Erinnerungen aufstiegen an Gog und Magog, an einen Herold, der mit langem Stab in einem Hotel große Stille für einen Redner erbat. Auch an sommerliche Parkwiesen voll von Liegestühlen und Schwänen, einen Gang über den Trödelmarkt, ein Flüßchen mit jungen ungeschickt stakenden Männern in flachen Booten, an eine lange Kathedrale voll überirdischer Musik. Ich mußte schon einmal, wenn nicht mehrere Male hier gewesen sein, auch in den Docks war ich schon herumgewandert und hatte das faulige Hafenwasser an die Bohlen einer schwimmenden Kneipe schlagen hören. Jetzt war alles anders, eine Geisterstadt, aber eine unermeßliche, in der die Toten der ganzen Welt aneinander vorüberstreiften, unerklärliche Geschäfte im Sinn. Obwohl ich wußte, daß an diesem Eindruck nur der in London doch häufig auftretende Nebel schuld war, fühlte ich mich ratlos und bedrückt, so als sei hier ein Zustand deutlich gemacht, in dem alle Geschäfte längst ihren Sinn verloren haben und in dem Menschen aller Rassen und Hautfarben sich mischen, ohne voneinander mehr als ihre Schatten zu erkennen. Dabei doch das Gefühl, als müsse alles noch da sein hinter der braunen Hülle, die Stadt, der Sommer, die Rosmarinbeete und Hirschgärten, die poetischen Wege des Einhorns und Annabel Lee. Ich mußte aber abreisen, ohne einen Hauch davon zu spüren und mit der einzigen Befriedigung, daß wegen der großen Verkehrsschwierigkeiten nahezu niemand zu meinem Vortrag kam.

Als ich aus dem Norden zurückkam, färbten sich endlich die Blätter, soweit sie nicht schon grün abgefallen waren, erschöpft von der Hitze und von den gleich darauf fallenden kalten Nebeln erschreckt. Was noch an den Bäumen hing, war weinrot und blutrot, wenig Gold und Feuer in diesem Jahr. Da ich mich an eine Änderung meines Vortrags noch immer nicht heranwagte und meine bescheidenen literarischen Arbeiten durchaus hätte mitnehmen können, hatte ich große Lust, für einige Tage nach B. zu fahren, ein Dorf im Breisgau, das meine Heimat, und zwar eine natürliche und zugleich selbstgewählte, ist. Nachdem ich zuerst mein Erwachen und Neuentdecken der Welt beinahe genossen hatte, begann ich nämlich jetzt darunter zu leiden, daß sich für mich nichts mehr von selber verstand. Wenn man von einer Heimat nichts anderes erwartet, so doch jedenfalls dieses: hingenommen werden und hinnehmen, keine Untersuchungen, kein mühseliges Graben in der versteinten Erde der Vergangenheit, alles Gesuchte im alten Sinne handlich dargeboten, Weg um die runde Mauer, Kartoffelfeuergerüche, rote lange Weinranken, die dem Eintretenden sanft nach der Stirne greifen, im Tor. Ich hatte schon im Kursbuch einen Zug herausgesucht und sogar den Abfahrtsbahnsteig notiert. Trotzdem schrieb ich nicht an meine Familie und packte meinen Handkoffer nicht. Ich hatte Angst, daß bei meiner jetzigen Empfindlichkeit auch das Vertraute nicht mehr vertraut, das Selbstverständliche nicht mehr selbstverständlich sein würde. Statt mich an manche heitere und gelassene Heimkehr – da seid ihr ja wieder, Linden, da bist du ja wieder, Kind (Kind!) – zu erinnern, hatte ich immer den Abend vor Augen, an dem ich, mit dem Wagen auf das schöne Hügelland zufahrend und alles, den süßen Wein und die Nüsse und das über dem Acker schwebende Spiegelbild der abendlichen Lampe im voraus schmekkend und sehend, schwefelgelbe Wolken in verschiedenen Schichten über den Himmel eilend erblickte, auf einen kurzen heftigen Sturm und Regenguß folgte dann Stille, aber bald zeigten sich am Rand der Straße die ersten entwurzelten Bäume, die ein kalter Nebel überstrich. Der Vollmond stand eisig, mit dem Stern Jupiter als Trabanten, über der Bergkette, zur Seite der Straße breiteten sich glitzernde Eisflächen, die aus großen Hagelkörnern bestanden. Dem ersten Haus des Dorfes hatte der Sturm das Dach abgerissen, ein Hag von Tannen starrte gesplittert, kronenlos, beim Wirtshaus lag eine riesige ungestalte Laub- und Holzmasse, der mächtige Nußbaum, über dem Weg. Auf unserem Hof hatte das Unwetter starke Lindenäste verstreut, Äcker und Wiesen lagen wie Schneefelder, der Mais war geknickt, die Blätter zu Staub zerrieben, ebenso das Kraut der Rüben, unter denen die Erde weggespült war, so daß sie nackt und unförmig herausstanden zwischen Gerippen von Blumenkohl, weinenden Sonnenblumen und zerfetztem Salat. In der Küche brannte eine Kerze, und meine Leute standen herum und erzählten, wie sich aus den Wiesen und vom Bach her die Ratten ins Haus geflüchtet hatten, lange Züge von Ratten, die im Keller verschwanden. Noch am nächsten Morgen war die Landschaft seltsam grau und blattlos, die Felder verschlammt, voller Glasscherben, auch der Weinberg bis zur halben Höhe grau. Obwohl Unwetter dieser Art in unserer Gegend äußerst selten sind, hielt ich es doch für möglich, daß etwas Ähnliches gerade am Tage meiner Ankunft wieder geschah. Es gibt keine Orte, die gefeit sind, und der sehnsüchtig Heimkehrende bringt unter Umständen die furchtbaren Wolken der Zerstörung selber mit.

Der Gesichtskreis einer älteren Frau ist naturgemäß klein. Trotzdem sah ich in jener Zeit vieles, erfragte auch vieles, und nicht nur, wenn ich auf Reisen war. Lauter Erscheinungen des heutigen Lebens, fragmentarisch, wie es dem Schüler zukommt, eine Stunde Rechnen, eine Stunde Erdkunde, eine Stunde Biologie. Im Reich der Zahlen scheint sich alles Wesentliche abzuspielen, die Kluft zwischen den wenigen Eingeweihten und den vielen Unwissenden ist ungeheuer, riesige Herden von noch gefühlsmäßig blökenden Schafen und ein paar Gehirne, die über ihre Tötungsart bestimmen. Über der Erdkunde steht die Himmelsgeographie, Reiche zukünftiger Kolonisation, weiße Flecken, nach denen doch schon gegriffen wird von den ewig bedrohten, ewig eroberungslüsternen Zwergen, die auf ihrer eigenen Erde weder Ruhe halten noch den Hunger vertreiben können, aber über eine gelungene Raumfahrt in ängstlichen Jubel ausbrechen. Die Eindrücke, die ich in dieser Zeit gewonnen habe, können falsch und ungerecht sein. Wahrscheinlich sollte ich meine Aufzeichnungen auf die Biologie beschränken, die Lehre vom Leben und Sterben, in die ohnehin alles andere paßt. Auf die in meinem Notizbuch vermerkten Erfahrungen mir einen Vers zu machen (das geheime Bestreben jeder Niederschrift), ist mir noch heute unmöglich. Ich gebe sie also nur kurz wieder, zum Gebrauch anderer, die vielleicht etwas mit ihnen anfangen können, so wie der Kundige gewisse fleckige Steineier nur auf die rechte Weise aufzuschlagen braucht, um darin Nester von Bergkristall zu finden. Zuerst also erzählte mir die Mutter einer inzwischen erwachsenen Tochter, wie die damals

Fünfjährige auf die Flucht nichts anderes hatte mitnehmen wollen als ihr Springseil, mit dem sie sich dann in den verzweifeltsten Situationen vergnügte – vorwärts, rückwärts, seitlich springend, mit gekreuzten Händen, mit komplizierten Hüpfschritten, in Unterständen, in Märzwäldern, vor den Gewehrläufen zorniger Soldaten, von dem ewig schwirrenden Bogen wie von einer Muschel verborgen und geschützt. Kurz danach sah ich bei einem Besuch in einer Fremdenpension den vierzigjährigen Neffen der Inhaberin, einen ehemals begabten jungen Mann, der nach einem Rückenmarkschuß zu einem konfusen, ewig beleidigten Kind geworden war und der jetzt Tag und Nacht auf dem langen dämmrigen Korridor der Pension umherirrte, den Gästen wahnwitzige Reden hielt und von seiner Tante Ohrfeigen empfing. Am selben Tag erfuhr ich in einer Wirtschaft in der Nähe des Flusses von einem Arbeiter, der unlängst bei den Anlagen, dem sogenannten Nizza, von einem Fremden angehalten und zum Mitkommen aufgefordert worden war, er sollte dort unten bei den Platanen »etwas Schönes« zu sehen bekommen. Der Arbeiter ging mit ihm und wurde unterm Brükkenbogen zusammengeschlagen und beraubt. Kurz darauf begleitete ich eine junge Freundin in das Spital, in dem Stunden zuvor ihre Mutter gestorben war. In dem hellen Zimmer mit dem moosgrünen Bodenbelag und den blitzenden Wasserhähnen war die Mutter nicht zu finden, ihr Bett war bereits neu besetzt. Im Aufzug fuhren wir geräuschlos unter die Erde, irrten durch lange gekachelte Gänge, fanden endlich den unterkühlten Raum, in dem in zwei Reihen, verhüllt wie lange Pakete, die Toten lagen. Der Raum war nur schwach beleuchtet, es war unausdenkbar, jede der Hüllen zurückzuschlagen, um endlich das Gesicht der Mutter zu entdecken. Eine hinzukommende Krankenschwester wußte Rat, mit gewandtem Griff machte sie hintereinander mehrere Paare von nackten starren Füßen frei, an deren Gelenken lange beschriebene Zettel, ähnlich den bei der Aufgabe von Koffern verwendeten Gepäckzetteln, hingen.

Noch eine Stunde Biologie, das heißt, Lebenslehre, diesmal im Zoologischen Garten, dessen Neuanlagen mir gerühmt worden waren. In der ersten Dämmerung wanderte ich durch den Garten, Flamingos standen dünnbeinig und blaßrosa um den moosgrünen Weiher, und aus den Zedern hingen die langen Schwänze weißer Pfauen herab. Eine Robbe, steingrau auf steingrauem Felsen, hustete angestrengt im Schlaf. Drei kleine Maras saßen spitzohrig regungslos im tiefen Schatten ihres Geheges, nur ihre Augen lebten und starrten mich mit rätselhafter Aufmerksamkeit an. Die schönen Antilopen sprangen nicht mehr, sondern standen gleichsam an sich selbst gelehnt hinter dem Gitter und erinnerten mich an einmal gesehene Plastiken einer Bildhauerin, die Antilopen und Tiere überhaupt nur zum Vorwand nahm, um menschliche Trauer und menschliche Einsamkeit zum Ausdruck zu bringen. Die Pinguine, obschon Kaltblüter, erscheinen vollends wie kleine verkleidete Menschen, wie solche bewohnen sie ihre arktische Landschaft, vor deren Pappkulissen natürliche Eisschollen treiben. Ein altes Paar stand auf dem Hügel, der Mann pathetisch, ein wenig gekränkt, legte den Kopf in den Nacken, die Frau ihm ganz nahe, die Flügelstümpfe betulich an den Leib gelegt, beide groß und schwer, ein Monument der Ehe vor dem hellen Horizont. Drei andere verharrten mit dem Rücken zum Publikum wie auf ein Schiff wartend auf der Felsenklippe, einer von ihnen lehnte den Schnabel sehnsüchtig an den gemalten Himmel, auf einer Eisscholle fuhr ein fünfter wie auf einem Vergnügungsbötchen lustig hin und her, während ein sechster mit den Gebärden und in der Tracht einer Nonne den Nachwuchs ins Wasser entließ. Da trieben die Fische ganz andere Spiele, trieben sie schon mit ihrer Erscheinung, Metamorphosen von phantastischer Art. Die Schutzfärbung der kleinen Schollen ist die des graugelben Sandes, ihre Haut ist mit hellen und dunkleren Körnchen besetzt, ihre wellige Fortbewegung sieht sich nicht anders an als die leise Erschütterung des Sandes, den das Wasser bewegt. Der

Rotfisch, wie aus schwarzen und silbernen Schnüren korbartig geflochten, war ein starres Kunstgebilde, der Steinfisch, erdbrockig ungefüge, wäre in seiner Umgebung von grauen Tropfsteinen überhaupt nicht zu erkennen gewesen, hätte man dem Besucher nicht durch sein Bild auf der Glasscheibe sein Vorhandensein verbürgt. So sah ich am Ende noch eine Flucht ins vorgetäuschte Starre, Leblose, die mich schließlich mehr als alle tierische Fremdheit und Trauer erschreckte.

In dem Maße, in dem es mir gelang, meine Umgebung immer deutlicher wahrzunehmen, kehrte auch mein Erinnerungsvermögen zurück. Bilder, die ich, um meinen jetzigen elenden Zustand nicht mit einem früheren glücklicheren vergleichen zu müssen, fortgeschoben hatte, tauchten auf und waren nicht nur erträglich, sondern sogar erfreulich, sommerlich leuchtend traten sie vor den grauen spätherbstlichen Tag. So sah ich mich einmal am Almsee, einem kleinen schwarzen und stillen Gewässer unter den Steilwänden des Toten Gebirges, und in dem flachen Kahn, in dem wir uns fortzubewegen versuchten, wobei wir immer wieder in kreisende Strudel gerieten oder von Schilf und Tang festgehalten wurden. Ich sah auch die Bauernkapelle im Wirtshaus, die in runden schwarzen Hüten, weißen Hemden und roten Krawatten schmetternd und stampfend die süße Stimme der Einsamkeit zum Schweigen brachte. Auch den Weg durch die Röll, einen Tannen- und Lärchenweg zwischen breiten weißen Kieselzungen wasserloser Wildbachbetten bis zum Grunde des Kessels, wo dann alles aufhörte, alle Töne verklungen waren. Dieses Wir, das es nicht mehr gab, wanderte da noch einmal, auch über den Feuerkogel im windgescherten Gehölz, saß vor dem leeren Café, wo die zerzausten Dohlen trübsinnig und wild auf den eisernen Stuhllehnen hockten, sah hinüber zum Dachstein, auf die makellosen Schneefelder mit ihrem blendenden Glanz. Fuhr über den

Traunsee im heftigsten Gewitter, drängte sich von Wasserschleiern umweht mit andern Reisenden an die Maschine, wo die schwarzen und silbernen Kolben unverdrossen aus der Tiefe stiegen. Da war sie wieder, die schlafende Griechin, das waldbekränzte Felsenhaupt, Niobe oder Circe, da war der Berg Traunstein aus dem beinahe noch ebenen Land mächtig aufgereckt, eine Masse Stein mit magnetischer Anziehungskraft, und die Felswand, von der aus, nach einer Minute tödlichen Schreckens, Nikolaus Lenau den Abgrund fest ins Auge gefaßt hatte, »bis es mir schön wird, das Schreckliche«, ja, auch das fiel mir am Ende noch ein und schien mir kennzeichnend für eine Unerschrockenheit, die auch ich einmal besessen hatte, vielleicht auch für einen geheimen Wunsch, der all meinem neuen Ins-Auge-Fassen und Aufzeichnen noch immer zugrunde lag.

Meine neue Dienstfertigkeit brachte mich in die unangenehmsten Lagen. Ich habe von jeher nicht gern über mich selbst, das heißt, über gewisse nur mich angehende Dinge gesprochen. Nun kam es vor, daß ich, statt zu fragen, selbst ausgefragt wurde, statt etwas in Erfahrung zu bringen, selbst in Erfahrung gebracht werden sollte. Dabei wurde mir dann erst klar, daß ich, so alt ich war, noch keine festen Positionen bezogen hatte, über die es sich dann hätte reden lassen mit sicherer Stimme und erhobener Stirn. Schon die harmlosesten Fragen (Reisen Sie gern? – Was sind Ihre Lieblingsbeschäftigungen?) konnte ich nur errötend und stotternd beantworten, da in einer Sekunde des Überlegens schon alles zweifelhaft wird. Zum Beispiel wußte ich dann nicht, ob ich wirklich je gern gereist war, ob nicht in den fremden Ländern die Glücksmomente eigentlich selten gewesen waren, gemessen an solchen der Ratlosigkeit und der Melancholie. Lieblingsbeschäftigungen wußte ich schlechthin keine zu nennen, außer dem Schwimmen und Spazierengehen, die ebenso wie meine Sammlungen (Sonnenuntergänge, Regenbögen, Schicksale) als altmodische Kuriositäten wenigstens einiges Kopfschütteln erregten. Andere Fragen, wie »Glauben Sie an Gott, fürchten Sie sich vor dem Tode?«, brachten mich, obwohl ihre Ungeheuerlichkeit den Zeitungsschreibern offenbar gar nicht zum Bewußtsein kam, in tödliche Verlegenheit. Die Antwort, die ich gab, mochte nicht nur am nächsten Tag oder im nächsten Monat, sondern schon morgen oder gar in einer Stunde eine Unwahrheit sein. Die Tatsache, daß gar keine Bekenntnisse, sondern eben nur eine Antwort verlangt wurde, änderte nichts an dem Gefühl, vor einem Tribunal zu stehen, dem man Unerlaubtes preisgeben und vor dem man zum mindesten an sich selbst, an seiner Vergangenheit oder Zukunft, Verrat begehen wird.

Am 1. November um 16.14 Uhr zum Beispiel, als ein eifriger junger Mann meine letzte Antwort in sein Notizbuch schrieb, fürchtete ich mich nicht vor dem Tode, womit in der Folge vielleicht einigen Menschen (Lesern) ein Gefühl der Erleichterung verschafft worden ist. Aber wie würde es morgen sein, wie war es gestern nacht, als der Gedanke an meine Verwesung mich mit Entsetzen erfüllte? Die Frage »Warum schreiben Sie?« ist mit dem auf der Zunge liegenden »Weil ich muß« ungenau beantwortet, da man auch schreibt, wenn man das höhere Gebot, zu schweigen, ganz deutlich vernimmt. Rein technische Fragen sind dagegen ein wahres Labsal, da kommt man von selbst ins Schwatzen und kann sich nicht genugtun, der Öffentlichkeit zu erklären, auf welche Weise der Rohstoff Leben in die Form gepreßt wird, die ihm Dauer verleiht. Trotzdem hatte ich damals, als auch dieser Teil des Interviews vorüber war, ein ungutes Gefühl von Leichtfertigkeit und Unwahrheit meiner Auskünfte, das mich bedrückte. So genau hatte ich es gar nicht gewußt oder beobachtet, es konnte auch anders gewesen sein, etwa gerade umgekehrt, so, daß das Wort seine sinnliche Erfahrung, der Geist sein Erlebnis sucht. Alle Vorgänge, die ich beschrieben hatte, bezogen sich ja auf frühere Arbeiten, von denen bekanntlich, und seien sie erst gestern entstanden, also nicht nur in meinem Falle, eine Welt uns trennt. Wichtiger als alles einmal Zustandegebrachte schien mir das, was nicht geht, *noch* nicht geht, vielleicht einmal geht. Aber unsere Tage sind gezählt.

Ein Traum fiel mir ein, am Morgen des 3. November, als ich ihn kurz notierte, wußte ich ihn noch ganz genau, jetzt, wenn ich versuche, ihn zu erzählen, werde ich lügen, etwas hinzufügen, etwas weglassen, ich kann nichts dafür. Das sind nur Tastversuche, ein Traum ist etwas Unfaßbares, er löst sich auf mit leichtem Brausen, wie ein Pulver, das man ins Wasser wirft. Es war kein angenehmer Traum, vielmehr ein Angsttraum, noch jetzt, wenn ich an ihn denke, fühle ich mich schlecht. Die Hühnerbaracken (ich werde sie später beschreiben) standen nicht an ihrem gewöhnlichen Platz, auf der Wiese hinter dem Haus, sondern jenseits der Straße auf dem Acker, in der Nähe der neuen Schule, man konnte von dort aus die großen Kastanien und die Dächer meines heimatlichen Hofes sehen. Ich wunderte mich über die Veränderung und darüber, daß die Ställe leer waren, auch auf dem Acker unter den Obstbäumen waren keine Hühner zu erblicken. In dem dritten der langen niederen Ställe fand ich dich, du lagst auf dem grauen Sägemehl bleich wie auf deinem Totenbett, ob du angekleidet oder von Bettlaken umhüllt warst, dessen entsinne ich mich nicht. Deine Augen standen offen, du bewegtest die Hände, du sahst mich an. Mein Erstaunen war ungeheuer, auch mein Entsetzen, dich hier und am Leben zu finden, offensichtlich lagst du hier schon drei Jahre lang, ohne daß ich etwas davon gewußt hätte, immer im Zustand des Sterbens, niemand hatte dich gepflegt, niemand dir zu trinken gebracht, vielleicht hatte dich die ganze Zeit über gar niemand gesehen. Aber du bist doch, sagte ich, das Wort war unaussprechlich, und du schütteltest den Kopf und sahst mich mutlos an. Ich kniete neben dir im Sägemehl und überlegte, wie so etwas hatte geschehen können, wie ich genarrt worden war mit Augenzudrücken und Kinnhochbinden, sogar den Wappenring hatte der Pfleger dir vom Finger gezogen und ihn unserer Tochter überreicht. Auch an das Begräbnis erinnerte ich mich genau. Wo warst du, fragtest du. Deine offenen Augen redeten, meine Hände, die dich streichelten, gaben Antwort, im Grunde war ich völlig ratlos, wußte nichts. Daß ich dich drei Jahre lang allein gelassen hatte, schien mir ebenso unausdenkbar, wie daß sich nun alles fortsetzen sollte, ewige Krankheit, ewiges Streicheln der kalten schweißbedeckten Hände, ewiger Tod. In all meiner Scham, all meinem Erbarmen suchte ich doch schon nach einem Ausweg, versuchte schon aufzuwachen und damit den Zustand der Vernunft wiederherzustellen, der dich zurückbettete unter die Parthenonreiter, spürte auch, als die Umrisse meines Zimmers endlich auftauchten, eine Erleichterung, so, als hätte man dich mir auf den Rücken geladen oder auf die Brust und ich sei nun wieder imstande zu atmen und meine Glieder zu rühren. Danach freilich kehrte alles noch einmal zurück, das Entsetzen und das Erbarmen, auch die Frage, ob nicht doch alles, aber in einem anderen Sinne, wahr gewesen sei. Der ärztlich festgestellte Augenblick des Todes ist vielleicht nur irgendeiner aus der Geschichte der großen Einsamkeit eines Kranken, den man besucht und verläßt, er setzt sich fort in der Einsamkeit des Toten, den man auch in Gedanken besucht und verläßt. Jasminbüsche, Abendrot, oh, diese Liebessucht, Lebenssucht, die sich schon vor dem Ende einen neuen heilen Gegenstand sucht. Auf solche Dinge muß sich auch unser nicht einmal im Traum laut gewordenes Gespräch im Hühnerstall bezogen haben, stumme Anklage und stumme Verteidigung, nein, ich habe dich nicht verlassen, doch, du hast mich verlassen – und das hatte ich auch, zumindest in diesen allerletzten Wochen, getan. Ich war spazierengegangen, herumgereist, hatte die Augen offengehalten, alles in der geheimen Absicht, das Leben wieder liebenzulernen, ein Verhalten, das mich jetzt aufs äußerste erschreckte. Ich bin infolgedessen an diesem Tag nicht ausgegangen und habe sogar die Läden heruntergelassen, um die schmalen messingfarbenen Pappeln nicht zu sehen. Ich habe mir vorgestellt, daß unter Umständen alle Toten wie Kranke in Krankenhäusern warten, Besuchsstunde, Blumen, jetzt muß ich aber wieder gehen – und die Lebensbegierde, Jasminbüsche, Abendrot, flackert schon durch den letzten schmerzlichen Blick.

Die Umgebung meines eben erzählten Traumes entstand nicht von ungefähr. Ich hatte nämlich inzwischen meine Bedenken überwunden und war auf dem Weg zur fünften Wiederholung meines Vortrags für ein paar Tage in B., meinem Heimatort, eingekehrt. Keine Fremdheiten, keine Katastrophen, wenn nicht die kleine eines völligen Mangels an Arbeitskräften für die Hühnerfarm, was zur Folge hatte, daß wir, mein Bruder und ich, den ganzen Tag dort beschäftigt waren. Dieses wirklich angestrengte Tun brachte mich nicht dazu, mich an den Umgang mit den von mir seit jeher als unheimlich empfundenen Haustieren zu gewöhnen. Daß man in der übrigens ganz altmodischen Anlage (keine Fallnester, kein laufendes Band, kein Eierverteiler) vor dem Betreten der einzelnen Baracken an die Tür klopfen mußte, erregte mich, so, als seien damit nicht einige, vielleicht auf der Schwelle hockende Hühner, sondern gewisse in den Ställen hausende böse Geister zu vertreiben. Die ersten Schritte in den langen niederen Räumen glichen vollends einem Traum- oder Unterweltsgang, da die Hühner dann erschreckt an dem Eingetretenen vorbeizugelangen versuchen und mit irrsinnigem Flattern, von Wolken graugelben Staubes umgeben, auf ihn eindringen, lauter gelbe Krallen, die nach seiner Brust, lauter scharfe Schnäbel, die nach seinen Augen zielen. Der beängstigende Vorgang wiederholte sich bei jedem

Füttern, selbst das Eierwegnehmen war mir unheimlich, da viele der Glucken, immer wieder brütlustig, dann schon auf eilig zusammengescharrten Eiern saßen und im tiefen Schatten der Legekästen zu riesigen Ungeheuern anschwollen, ich griff ihnen unter den Bauch, und zornig wandten sie mir ihre gelb umränderten kränklichen Augen zu. Die Eier, die wir in verrosteten, mit altem Stroh ausgelegten Eimerchen sammelten, waren klein und hellbraun oder groß und weiß, makellose Wunder, solange man sie nestwarm in der Hand hielt, wenig später eine Handelsware, von der man mit Eisenwolle die Kotreste kratzte, die man wog, nach ihrem Gewicht in seltsam gebuckelte Pappkasten verteilte und mit Buchstabenstempeln versah. Um etwaige feine Sprünge zu bemerken, mußte man jeweils zwei Eier an den Spitzen und an den Bäuchen aneinanderschlagen, nur in einem winzigen Klangunterschied deutete sich die Brüchigkeit einer Schale an. Diese rasche leichte Doppelbewegung führte ich bald gewandt aus, aber mein Ohr blieb unsicher, und länger, als es die gemessene Zeit zuließ, stand ich oft horchend, so, als stände etwas ganz anderes auf dem Spiele als ein beschädigtes, rascher faulendes Ei. Die Arbeit, die auch das Einpacken der vorbestellten Eier einschloß, endete auch am Abend nicht, da waren die großen, graublauen Hühner brav in der Baracke, die weißen aber hüpften von der Nebelwiese ins schwarze Gebüsch und astaufwärts und mußten einzeln eingefangen werden, rebellisches Federvieh, das mondweiß zum Monde strebte, während es doch in seinen neonbeleuchteten Ställen über die Nacht hinweggetäuscht werden sollte, um auch zur Unzeit noch Eier zu legen. Ein Teil der Hühner, nämlich gerade die graublauen, häuslichen, gackerten nicht, sondern stießen in ihrer rätselhaften ständigen Erregung einen metallischen Summton aus, der mir jeden Tag an Lautstärke zuzunehmen schien. Das war natürlich nur eine Einbildung, ebenso wie die Vorstellung, die mich besonders nachts heimsuchte, nämlich daß der etwa zweitausend Tiere zählende Bestand sich

täglich vermehre und deshalb nicht nur immer mehr Arbeitskräfte, sondern auch immer mehr Raum in Anspruch nähme. Gerade das Gegenteil war der Fall. Obwohl die im Schlachten geübten Hände fehlten und also auch die alten, nicht mehr legefähigen Hennen am Leben blieben, wurden doch keine Küken mehr aufgezogen, und die Eierzahl nahm, der Jahreszeit entsprechend, aber auch durch eine ganz unzeitgemäße Mauserung vieler Hennen, beständig ab. Man hatte aber einige alte Hennen in einem Vorraum der Hausküche abgesondert untergebracht, und das war wohl der Grund, warum ich mir einbildete, daß nun bald auch in der Halle und schließlich auch in den Zimmern Futtertröge und Trinknäpfe aufgestellt würden. Ich sah alle Einwohner des Hauses, wie sie, die Haare in Kopftücher gebunden und ausschließlich mit den Hühnern beschäftigt, umhereilten und dabei jenen merkwürdig metallischen Summton von sich gaben, wahrscheinlich, um einander nicht im Wege zu sein. Da war es denn fast erleichternd, daß an einem meiner letzten Tage in B. ein Mann auf den Hof gefahren kam, den man mit einer altmodischen Bezeichnung den selecteur nannte und der über die alten Hühner Gericht zu halten begann. Es war aber auch die Prüfung mit ihren harten Griffen und genauen Notizen am Ende etwas, das in die Hühnerwelt (und in die Menschenwelt) paßte und das ihre Unübersichtlichkeit eher erhöhte als zunichte machte.
Nach kurzer Autofahrt von B. in die Stadt F., wo ich am 20. November meinen Vortrag hielt. Ich erwähne diesen Vortrag, den ich trotz mancher Bemühungen nicht verbessern konnte, nur noch am Rand, er erschien mir schon damals nicht mehr wichtig, oder wichtig doch nur als ein Mittel, mich gezwungenermaßen hierhin und dorthin zu bewegen und dabei meiner Sammlertätigkeit nachzugehen. Dazu ist allerdings zu sagen, daß ich damals noch gar nicht wußte, wozu diese Sammlungen, die bis jetzt einem rechten Trödelladen glichen, mir überhaupt dienen sollten. Was ich ihnen einverleibte, bekam doch gleich

einen stockfleckigen Geruch, wahrscheinlich weil, wie ich bemerkte, aus der früher verhältnismäßig stabilen Gegenwart schon in jenen Tagen mit bestürzender Eile Vergangenheit wurde. Das wirklich Vergangene, das heißt, gewisse Dinge, die ich auf meinen Reisen in Kirchen und Museen besichtigte, sogar Kuriositäten aus alten Zeiten, hielten da besser stand. Ich erwähne in diesem Zusammenhang einen fast chinesisch anmutenden mittelalterlichen Schnitzaltar in Br. und eine in der dort erhaltenen Folterkammer befindliche Christusstatue, die die Augen und den Mund bewegen kann und hinter der sich ein auf solche Weise als überirdischer Richter getarnter irdischer Rechtssprecher verbarg. Auch die Erinnerungen, die mir in jener Zeit wieder reichlicher zukamen, waren dauerhafter, wahrscheinlich weil sie, bereits vor langer Zeit ans Ufer gespült und dort verankert, aufgefunden oder nicht, ein ewiges Leben führen.

Daß man nach Vorträgen in fremden Städten mit den verschiedenartigsten Menschen zusammensitzt, sagte ich schon, auch daß diese in solchen Fällen oft von ihren eigenen Neigungen berichten. In F. nun war zum erstenmal alles anders, weder von Segelschiffen noch von Sprachschnitzern war die Rede. Wir saßen hart unter dem roten Sandsteingebirge des Münsters, seinem rotschwarzen Spitzenwerk, seinen phantastischen Tieren, aus deren Mäulern friedlich fades Regenwasser rann. Im Kaiserstühler und Markgräfler war das Reben- und Obstland gegenwärtig, seine verschleierten Wiesenmulden und flammenden Waldränder; Gästen aus dem Elsaß zu Ehren wurden Schnecken gegessen, die in ihrem eigenen Gehäuse in einer Gewürzsoße schwammen. Kaum daß mit einigen auf meinen Vortrag bezüglichen Worten der Höflichkeit Genüge getan war, kam die Rede auf die Vernichtungsmöglichkeiten durch nukleare Waffen, auf Stoß und Sog von Druckwellen, auf Blitz und Feuerbälle von grauenhafter Helligkeit, auf den Atomstaub, der schon jetzt die Erde umwehte, und auf den Ring von

Kupfernadeln, der, in die Atmosphäre geschossen, unseren Himmelskörper umkreiste. Schwellköpfe, ähnlich den zu Fastnacht jubelnd mitgeführten grotesken Figuren, wurden als Folge der Atomversuche in Betracht gezogen, auch ein Erlöschen der menschlichen Intelligenz und der Zeugungskraft in Aussicht gestellt. Alle diese Ungeheuerlichkeiten wurden zwischen Schneckenessen, Fingerspülen, Mundabtrocknen auf die sachlichste Weise vorgetragen, während die Turmuhr des Münsters mit mächtiger Stimme ihre kurzen Viertelstunden schlug. Vergeblich suchte ich in den gescheiten Gesichtern der vorwiegend männlichen Tafelrunde eine Verzerrung des Entsetzens, schon wurde die apokalyptische Vorstellung als etwas Gegebenes (Gottgegebenes?) hingenommen und dem Alltag vermählt, wie einem unvorstellbaren Monstrum eine Tochter von bescheidenem, aber im Augenblick unsäglich rührenden Glanz. Am Ende gab es dann noch so etwas wie einen Aufruhr, freilich einen, der mit taktvoll ablenkenden Worten sogleich niedergeschlagen wurde. Einer der Besucherinnen aus dem Elsaß nämlich, einer jungen Frau, die, wie ich, bisher stumm dagesessen hatte, wurde die Bemerkung, daß mit einer bestimmten Waffe im »günstigsten Falle« neunzig Prozent, im weniger günstigen Falle siebzig Prozent der Bevölkerung ausgelöscht werden könnten, zuviel. Mit einer fast krankhaften Bewegung preßte sie die Hände gegen die Ohrmuscheln, schrie, ich will das nicht hören, ich kann das nicht hören, und kniff schließlich, wie um sich von der Welt völlig abzuschließen, mit einer furchtbaren Grimasse auch noch die Augenlider zu. Zu meinem Erstaunen hielt ich es nicht mit ihr, sondern wandte mich, von solchem Sichbewahrenwollen peinlich berührt, meinem Nachtisch zu. Ich fragte aber später nach ihrem Namen, und die Tatsache, daß sie Bonheur (genau gesagt, Rosa Bonheur wie die Malerin) hieß, erstaunte mich nicht.

Zuwachs, sprunghafter, war überall festzustellen, nicht nur an angebotener, rasch zu verschleißender Ware

Auch an Gläubigen, die unter weiß und gelben, violetten und schwarzen Fahnen, unter Kreuzen und Glühbirnen das Vaterunser beten, das Tedeum singen

An Madonnenstatuen, die reisen, unterm Baldachin hinter der Blechmusik, über fremde Buchten sich beugen, ihre sternenbemalten Mäntel, starren Augen, Bluttränen spiegelnd

Auch an Hähnchen in Cellophanbeuteln, gebratenen Würsten, Krapfen, Wolken aus grünem, gesponnenem Zucker, Unfällen, zusammenbrechenden Tribünen, Erste-Hilfe-Päckchen, Tonnen, Abertonnen von Müll

Zuwachs an Schunkelbänken, Fanfarenstößen, Mensch unter Menschen, nicht Feind unter Feinden oder Todeskandidat unter Todeskandidaten. In Zelten mit weich fließenden Wänden wie in der Wüste, wie bei Nomaden, im Aufbruch, was das wert ist unter Brüdern (unter Brüdern!)

An Traumlandschaften, Ferienlandschaften, gemaltes Capri, eisweiße Gletscher, aber keine Mücken, kein Firnwind, nichts störend Elementares, keine Erkältungen in wasserüberschütteten Schluchten, Bierseidel, Menschenbrodem, menschenwarm

Todesschauer, aber willkürlich herbeigeführte in schlangenwindig steilauf und steilab rasenden Leichtmetallkästen und Angstumarmungen fremder Menschen, aber in Wirklichkeit (in der Wirklichkeit) nimmt man sich zusammen, finden keine statt

Zerrspiegel auftauchend unvermuteten Ortes, da geht der Schlanke auf kurzen Beinen, schüttelt den dicken Riesenkopf, Verwandlungsspaß und Angst schon, nicht wieder erlöst zu werden, fürs ganze Leben so breit und wulstig dahinzuwanken im Feisten, so wäre es, wenn …

Planetenbahnen, Tatzelwürmer, die sich schneller und schneller um eine riesige Halbkugel wälzen, moorige Rinne voll geknäulter Menschenbrut, die stöhnt und schreit und die Arme ausstreckt, Ärmelarme, nackte Arme, zum Glühbirnenfirmament

Spinnen, komplizierte Drehwerke, mit langen gewinkelten Gliedmaßen, die kreisen und sich senken und sich heben, alles zugleich, und an deren Enden sich kleine Sitzmulden wie rasend um sich selber drehen; da sitzt der lustige Fahrgast, der Fünfzig-Pfennig-Gast, wird gebeutelt, gestürzt, kopfoben, kopfunten, Musik und Schüsse, Musik und Explosionen, aber alles noch freiwillig, alles noch Spiel

Schießbuden und Puppen, die wie Tote umfallen, Soldaten mit unbestimmbaren Uniformen, Feinde mit unbestimmbaren Zügen, Menschenwild, vorbeizockelnd zum Blattschuß vor gemaltem Wald

Kinderkarussells, eng bestellt mit Ziegenbockwägelchen, gezopften Chinesenwägelchen, mit Tanks und Maschinengewehren, die knattern, von selig lächelnden Dreijährigen bedient, aber

Kein Zuwachs an Liebesthermometern, roten Händen auf Glasscheiben, steigende Quecksilbersäule, Innamorato Fedele Generoso Focoso Leone, denn die Männer haben Angst, ihre Hand auf die rote Hand zu legen, Angst vor der Kälte, vor dem Spott

Kein Zuwachs an Frauen mit golden gewachsener Haut, mürrisch verwalteten hinter staubigen Samtvorhängen, denn niemand schlägt die Samtvorhänge zurück, tritt ein

Kein Zuwachs an Tischen voller Spielkarten, über die ein Lichtflackern huscht und wo der Strahl stehenbleibt, der Kometenschweif von Bethlehem, die Karte hat gewonnen, aber das liegt im Brackwasser, dafür gibt es nur ein Achselzucken, das schmettert nicht, ein Wegwenden, das rast nicht, das dreht sich nicht glühend dem Untergang zu.

Ich habe mich gehenlassen. Schließlich wollte ich ja keine Gedichte schreiben, sondern versuchen, ins reine zu kommen, indem ich mir einbildete, einmal (freilich nicht allein) gewesen zu sein. Dazu war es wahrscheinlich nötig, daß ich systematischer vorging, einzelne Erscheinungen nachdrücklicher, auch gründlicher, betrachtete. So bemühte ich mich zum Beispiel in jenen Herbsttagen, mich mit dem Sterben zu beschäftigen, oder vielmehr, mich der Beschäftigung mit seinen Absonderlichkeiten nicht zu entziehen. Anläßlich eines Verkehrstodes, den ich aus einiger Entfernung miterlebte, fiel mir ein, daß manche Tote etwas Erhabenes haben; eine riesige Hand legt sich auf eine gewaltige Brust und ist stärker, preßt ihr den Atem ab, aber Auge in Auge mit dem zu Überwindenden, den zu überwinden es sich lohnt. Andere Tode, wie eben der auf der Straße, waren dagegen wie ein achtloses Ausfahren der eisenharten Finger, fort mit dir, warum läßt sich nicht fragen, es könnte auch ein göttliches Versehen gewesen sein. Kein letztes Zwiegespräch mit der Vernichtung, kein letztes Aufbegehren und schließlich Annehmen, eine kleine Tücke, sonst nichts. Neben der Ungerechtigkeit des Todes seine Häßlichkeit, sein Häßlichmachen, Ausdörren, Fahlschminken, während den Menschen doch ebensogut wie etwa den Herbstbäumen zuletzt noch ein Äußerstes an Schönheit und Merkwürdigkeit gegönnt sein könnte. Das Gegenteil ist der Fall, einer Frau mit besonders schöner Brust schrumpft am Ende diese Brust ein, während der ehemals flache Leib, mit Wasser gefüllt, grotesk anschwillt, ein rosiges junges Mädchen wird in seinen letzten Tagen, verdorrt und beinahe gewichtslos, von der Pflegerin im Zimmer herumgetragen wie ein uraltes Kind. Ferner die Sterbensweise der Menschen, ihre letzten Tage, letzten Beschäftigungen, letzten Worte usw. Ich ertappte mich dabei, daß ich beim Lesen von Lebensbeschreibungen nicht mehr bei der Geburt begann, sondern so lange in dem Buch herumblätterte, bis ich auf das Ende oder den Anfang vom Ende stieß. Als ich einmal las, daß Renoir, todkrank, den Pinsel an die gelähmte Hand gebunden, sagte, je me perfectionne toujours, erfüllte mich ein Entzücken, das ich nur schwer erklären kann. In aller Ausführlichkeit ließ ich mir eines Tages von einem Bekannten den Tod seines Vaters erzählen, eines Arztes, der vor dem Sterben seine goldene Taschenuhr auf das rote Samtgestellchen hängte, einen Spiegel zur Hand nahm, in dem er während der fünfundzwanzig Minuten, die er sich noch zugemessen hatte, den Verfall seiner Gesichtszüge beobachtete. Auch den Vorstufen des Todes sann ich oft nach, indem ich die Alten und Kranken in meiner Umgebung beobachtete und sie ausfragte, über die nicht wegzuscheuchenden Fliegen vor ihren Augen, über die Häuser, die ihnen ins Wogen und Kreisen geraten, die Zungen, die ihnen am Morgen dick und gepanzert wie Lindwürmer am Gaumen kleben, über ihre Hände, die sie schüchtern betrachten, weil sie ganz von selber zu schütteln beginnen. Auch die Erinnerung kam mir jetzt wieder zu Hilfe, Erinnerung an eine alte Frau in meiner Heimat, die sich in jedem unbewachten Augenblick auf den Weg machte, fort, nur fort – an einen alten Bauern, der mitten in der Winternacht aufgestanden und in den Wald gegangen, nicht mehr zurückgekommen, auch nie mehr gefunden worden war: beide hatten ohne Zweifel, am Ufer eines verhüllten Flusses entlangirrend, den Fährmann gesucht. Ihrer Angst und Ungeduld glich die Angst und Ungeduld der Lebenden, die es, soweit ich sah, nirgends aushielten und ihren Aufenthaltsort unaufhörlich zu verändern trachteten. Der Fluß ist nahe, im Notfall findet sich auch ein Fährmann für eine Welt von Toten. Dabei gibt es natürlich auch alte Leute, die weder Unruhe noch Furcht empfinden. Wie der Priester, der seine Pupillen blinden Kindern vermachte, schenken sie am Ende ihre von der Schönheit der Erde und dem Reichtum der Menschen gesättigten Augen einem blinden Geschlecht.

Über dem allen war auch der November halb vorübergegangen, es war noch immer warm, aber dunkel, was mich nicht bedrückte, ich habe von jeher im Herbst Gefühle des Aufbruchs und im Frühjahr solche der Trauer und des Untergangs gehabt. Die lange Dämmerung machte mich hellhörig und hellsichtig, und in den sonderbarsten Gestalten kehrte mir das Vergessene zurück. Ein Wort, im Reiseblatt der Zeitung gelesen: Col di Lana, war ein kurzer Schlag an Metall, das dann lange forttönte und mich in eine nicht einmal selbst erlebte Vergangenheit entrückte. Dolomiten, Felsen und Schneeberge, ein Unterstand in achtzehnhundert Metern Höhe. Du, ins Schneelicht blinzelnd, in schäbiger Uniform, klobigen Schaftstiefeln, lang, hager, mit geschorenem Kopf, das war 1917, Beobachtungsposten, ganz allein mit dem Burschen, das Buch auf der schmalen Holzbank Schopenhauer, die Zeitung »Vorwärts« – den Weg ins Tal, zur Berichterstattung, legtest du, über tausend Meter Abgrund auf einer an Drahtseilen gleitenden, vereisten Holzlatte reitend, zurück. Alles vor meiner Zeit, vor unserer Zeit, ein junger Mann, den ich nie gekannt habe, ich ging währenddessen irgendwo in die Schule, bekam zu Weihnachten Bücher mit gelben Umschlägen. Unser Heer, Unsere Flotte, Unsere Luftwaffe, zeichnete Karten mit phantastischen Landschaften, denen ich

Namen gab, Sierra Nevada, Glasberg, von Schopenhauer wußte ich nichts. Unsere Wege führten trotzdem aufeinander zu, Schritt für Schritt, todsicher, geheimnisvoll auf den einen Punkt des Begegnens und Erkennens zu. Col di Lana, Wollkopf, wie unpoetisch, aber das italienische Wort klingt voller, rollt, pflanzt sich wie ein Echo in allen Schluchten fort. Der junge kahlgeschorene Soldat ging mich an, ich folgte ihm in seinen Unterstand, seine Schopenhauerschwermut, stellte mit seinen Händen die Schachfiguren auf dem selbstgezimmerten Brett zurecht. Plötzlich war er noch jünger, ein Student im ersten Semester, der abends lange ausblieb, mit den Freunden im Wiener Kaffeehaus saß, diskutierte, aber wann immer er sich mit äußerster Rücksichtnahme in die elterliche Wohnung schlich, war sein Vater noch auf, saß im Wohnzimmer unter der Gaslampe, trank Bier, las Kriminalromane, alles um sich wach zu halten, um die halbe Stunde nicht zu verpassen, in der der magere Sohn vor dem Zubettgehen riesige Haufen von Wurstbroten verschlang. Der Sohn, der unbegreifliche, einem alten, übrigens uniformscheuen Militär unbegreifliche, der die Freistelle auf der Ritterakademie ausschlug, der entsetzliche Bilder und unverständliche Gedichte liebte, auf seinen Spaziergängen die Römerstraße suchte und alle Schubladen mit Plunder, das heißt, mit Scherben, Knochen und grünspanzerfressenen Pferdetrensen füllte. Ich sah sie dasitzen, die beiden Männer, diesen einen zweigeteilten Mann, der wieder zusammenwuchs, schweigend, höflich und liebevoll in solcher Nachtstunde, auch bei Gängen zu zweit durch den Wienerwald in Nebel und Buchenlaubfeuer, wo dann auch wenig gesprochen wurde, der gemeinsame Blick vom Leopoldsberg nach Osten steppenwärts, türkenwärts, asienwärts, das Horchen auf die Vogelstimmen war genug. Diese Wege, auch nach Klosterneuburg hinüber, auch durch den Lainzer Tiergarten, haben wir übrigens des öfteren auch zusammen gemacht, du und ich, und von deinem Vater habe ich nur das große Ölbild, in Uniform und mit Orden, gekannt. Ich sah mich aber jetzt nie an deiner Seite, sah dich nur als Jüngling, als Knaben, eine fremde, gewissermaßen ergreifende Figur. Ich wurde nicht müde, ihr nachzusinnen, wahrscheinlich bildete ich mir dabei ein, wir könnten wieder von vorn anfangen, das heißt, das ganze geheimnisvolle Aufeinanderzugehen könnte wieder beginnen.

Flug über die Alpen nach Mailand, wo ich noch einmal meinen Vortrag hielt. Obwohl mir bekannt war, daß eine Gefahr höchstens beim Starten und Landen besteht, hatte ich doch in beinahe jedem Augenblick meines Fluges Angst. So hoch über den Wolken zu reisen erschien mir ungeheuerlich und zugleich langweilig, die Erde glich einer schlecht belichteten Flugaufnahme, die berühmte Vogelschau war keineswegs so reizvoll wie die Menschenschau, die ja alles andere, Gerüche, Windhauch, Wellengeräusche, in sich schließt. Das Hochgefühl, die triumphierende Freude, die manche junge Menschen beim Fliegen empfinden, war mir rätselhaft, noch rätselhafter die zumeist zu beobachtende Gleichgültigkeit, die Mappe unter den Arm geklemmt und eingestiegen, was macht es aus, daß wir uns höher erheben als der Gaurisankar, wichtig ist die Konferenz, das Geschäft. Der Schatten des Flugzeugs raste noch über das Rollfeld, und schon wurden die Akten herausgenommen, Zahlen notiert. Ich war da wieder der Hanswurst, das Hündchen auf zwei Beinen, wenn ich fragte, ob niemand bemerkt hatte, daß einer der Motoren von Zeit zu Zeit leiser wurde oder daß wir in ein Gewitter hineinflogen, da lachte man nur, schüttelte den Kopf. Eine Anfängerin, aber ich war gar keine (mein fünfter Flug), war doch eine, eine ewige Anfängerin, bis es mir schön wird, das Schreckliche, und schön war es auch, dieses Hinausrollen auf dem Beton und da noch einmal stehenbleiben und alle Kraft zusammennehmen, alle Pferdekräfte bis zum Bersten toben lassen, ehe das Flugzeug den Boden verließ. Den Stadtwald erkannte ich noch, da waren noch unsere Fußspuren, aber überweht, übergangen, da hatte einmal Schnee gelegen, da hatte einmal der Ginster geblüht. Gleich war das Flugzeug, wie der Lautsprecher meldete, auf zweitausend Meter Höhe, gleich würde es zerspringen oder gegen einen Berg prallen, schwer zu finden wären dann unsere Gliedmaßen, Hände, Füße abgerissen und im ewigen Schnee verstreut. Auf deinem Grabstein wird man mich hinzumeißeln, zersprungen in dreitausend Meter Höhe, kurz vor dem Abendessen, schon wurden die ersten Servierbretter den Passagieren auf die Knie gestellt. Wir flogen mit der Air France, also gab es ein gutes Essen und französischen Rotwein, aber besser wäre es, jetzt im Weinberg das Unkraut zu hacken, die schweren, schwarzen Wolken über dem Kopf (wo sie auch hingehören) und an den Sohlen gelben zäh haftenden Lehm. Ein Gewitter, murmelte mein Nachbar, als hätte ich ihn nicht längst darauf aufmerksam gemacht. Tatsächlich sah man schon die Blitze schwefelgelb in die dunklen Wolkenvorhänge gekrallt. Ein Gewitter, da rauschten dort unten die Bäume, aber hier wackelte nur die Kabine, schon längst hatten sich die Fahrgäste anschnallen müssen, Tüten wurden verteilt. Gegessen wurde trotzdem, eine Scheibe Gänseleber, eine Scheibe Braten, Kartoffelchips. Möchte ich mit euch sterben, nein, ich möchte nicht, nicht mit dem da, nicht mit der da, allenfalls mit dem Kind mit den langen weißblonden Haaren, die würden mir in die Augen und in den Mund wehen, wenn ich mit ihm durch die zweitausend Meter schwarzer Luft stürze, ohne Fallschirm natürlich, Fallschirme wurden nicht verteilt. Kartoffelchips und Salat, danach eine flambierte Banane, ich bin nicht vorbereitet, keiner ist vorbereitet, ein Gebet wenigstens sollte gesprochen werden, wie auf den alten britischen Schiffen, nearer my God to Thee, aber wir sind ihm schon allzu nahe, falls er überhaupt dort oben zu Hause ist und nicht drunten in der Erde und da hervorlugt mit Teichaugen aus dem lieben warmen

Schoß. Salat und eine Banane, Trinken, Mundabwischen, bei Tisch stirbt man nicht, wenn man so tut als sei man zu Hause, stirbt man nicht. Natürlich haben sie wieder recht gehabt, die Gleichmütigen, die übrigens auch auf der Erde ganz zu Unrecht so tun, als ob sie zu Hause wären. Wir sind gut angekommen, von den Alpen haben wir nichts gesehen.

Nicht während des Fluges, aber danach die Erinnerung an ein Bild, eine schon damals nicht ganz deutliche Erinnerung, weswegen ich es jetzt gewiß falsch beschreiben werde. Sehr weite, sehr bewegte Küstenlandschaft, eine Meeresbucht, von Bergen und Hügeln umgeben, auf den Bergen und Hügeln Wälder und Städte, Gärten und Schlösser, im Vordergrund Wiesen und ein großes, in Schollen noch brachliegendes Feld. Auf dem Wasser viele Schiffe mit feinen Rahen und geblähten Segeln, im Hintergrund über dem offenen Meer geht eben die Sonne auf, erst ein kleines Stückchen hat sie zurückgelegt und schwebt noch über dem Horizont. Die Schiffe sind vermutlich voller Seeleute, die im Morgenlicht blitzenden Städte voller Bürger, die ihr Tagwerk beginnen. Genau erkennbar sind nur drei Männer, die alle im Vordergrund des Bildes, also nah vom Beschauer, beschäftigt sind. Ein Bauer, der pflügt, ein Schäfer, der seine Herde über die Wiese treibt, ein Fischer, der die Angel ins Wasser geworfen hat und im Begriff ist, einen Fisch herauszuziehen. Dort aber, das heißt, im Wasser, und gar nicht weit von dem über die grüne blitzende Flut gebeugten Fischer noch etwas Erstaunliches, nämlich ein paar Beine, die, mit den Füßen gegen den Himmel, um sich schlagen, während alles, was noch zu einem Menschen gehört, Oberschenkel, Leib, Kopf, schon im Wasser verschwunden ist, einen Augenblick später wird auch von den hellen Beinen nichts mehr zu sehen sein. Nicht, daß man diesen Vorgang miterlebte, ein Bild ist ein Bild und kann nur eines festhalten, in diesem Falle den Todeskampf, aber einen der undramatischsten, die man sich vorstellen kann. Zum Drama gehört der Nebenmensch, gehört das Entsetzen des anderen, seine Teilnahme oder sein Triumph, da darf nicht ganz nebensächlich einer ins Wasser fallen, während der Bauer ruhig hinter seinem Pflug hergeht, der Schäfer mit frommen Blicken den Morgenhimmel betrachtet und der Fischer nichts anderes im Sinn hat, als ob ihm der Fisch an die Angel geht oder nicht. Was auf dem Bild dargestellt werden sollte, war Sprichwortweisheit, also Binsenweisheit, in der nicht Wahrheit, nur Lebenserfahrung steckt. Kein Pflug steht still um eines Menschen willen, der stirbt, und wer hätte das nicht schon erlebt, wie unerbittlich das Leben darauf besteht, weitergeführt zu werden, den Trauernden zum Hohn. Das aber kann ich nicht ertragen, daß so wie sonst die Sonne lacht, auf dem Bild, das ich im Sinn habe, lacht sie tatsächlich, Morgenglanz in jedem Winkel, ein Sieg des Lebens, der über alle Sprichwortweisheit hinausgeht und gerade damit die nicht einmal besonders schmerzliche Nebensächlichkeit dieses Todes enthüllt. Der Titel des Bildes ist dann verwirrend, Ikarus heißen die zappelnden Beine, kein Unbekannter ist da zufällig ins Wasser gefallen, sondern der geflügelte Jüngling, der der Sonne zu nahe kam und durch den ganzen riesigen Himmel stürzte und starb. Von dem Himmelssturz hat der gelehrte und vernünftige Breughel nur den allerletzten Augenblick festgehalten, eben diese Beine, die lächerlich strampeln – so als habe er sich lustig machen wollen über das jämmerliche Ende eines Traumes. Nicht nur über den uomo qualunque, sondern sogar über Ikarus wird hinweggelebt, hinweggepflügt, -geweidet, -gefischt. Es macht keinen Unterschied, wer stirbt, immer der einzelne gegen die vielen, die leben wollen und leben werden. Den Unterschied macht erst die gänzliche Vernichtung, Auslöschung, die heute von allen mit unbegreiflichem Gleichmut schon ins Auge gefaßt wird. Kein Ikarus mehr, aber auch kein Bauer mehr, kein Schäfer mehr und kein Fischer mehr, keine Städte und Schiffe, nur die Sonne, die trotzdem aufsteigt: das ist ein Zustand, dem weder mit dem Glanz der Sage noch mit der nüchternen Spruchweisheit des Rationalisten nahezukommen ist.

Das rasche Hin und Her der Flugreisen verwirrt. Ich habe von Mailand nichts im Gedächtnis behalten, ausgenommen einige dünnleibige und leise schwankende Hochhäuser, eine Pietà im Dom und die Galleria, eine mit Glas überdeckte und nur für Fußgänger bestimmte Straßenkreuzung im Herzen der Stadt. Tummelplatz der Geschäftemacher und Herumsteher, mit Läden und Bars zu beiden Seiten, und in den lichtlosen Stockwerken finstere Räume, in denen Druckmaschinen stampfen, Kartonagen gestapelt werden und Grottenolme sich gespenstisch bewegen. Die einander kreuzenden Hallen sind mit dem verstaubten Glanz des vergangenen Jahrhunderts ausgestattet, mit Kristall-Lampen und Mosaikfußböden, gerade unter der Glaskuppel der Kreuzung ist dort etwas Mythologisches dargestellt, Europa auf dem Stier, einem ungeheuren Stier mit stark betontem Geschlechtsteil – die elegantesten Spaziergänger bemühen sich, im Gespräch mit den Freunden gerade da Fuß zu fassen, in der Hoffnung, daß von der göttlichen Zeugungskraft etwas auf sie übertragen wird. An mehr erinnere ich mich nicht, nur noch an ein paar Fetzen von Gesprächen, die ich, auf den zierlichen Eisenstühlchen der Galleria sitzend, mit alten Freunden und neuen Bekannten führte und in denen einmal nicht von der Zukunft, sondern von einer gar nicht weit zurückliegenden, aber völlig unbegreiflich gewordenen Vergangenheit die Rede war, zum Beispiel von gewissen Plakaten, die damals in Vernichtungslagern angebracht waren und auf welchen den bereits zur Vergasung eingeteilten Lagerinsassen Reinlichkeit empfohlen wurde. »Reinlichkeit ist Gesundheit«, »Eine Laus dein Tod«, hieß es da, oder »Arbeit macht frei« – da konnten sich die in die Steinbrüche getriebenen Skelette unter

Freiheit vorstellen, was sie wollten, auch die völlige Gleichgültigkeit, auch den Tod. Jemand erzählte von dem besonderen Vergnügen eines Schinders an grotesken Folterungsarten, er war der Erfinder des sogenannten Bärentanzes, bei dem jeder zum Tode bestimmte Häftling sich zuerst sein Grab graben und sich dann um den in die Erde gestochenen Spaten wie ein Tanzbär so lange im Kreise drehen mußte, bis er die Besinnung verlor. Ein anderer Tischgenosse zog eine Zeitung heraus, in der von einer Ausstellung von Kinderzeichnungen berichtet wurde. Die Zeichnungen waren in Theresienstadt entstanden, der Lehrer, der den Kindern Papier und Buntstifte verschafft hatte, war für diese Liebestat ermordet worden, auch die Kinder waren eines nach dem andern ermordet worden, nur ihre ungelenken Darstellungen von gezackten Mauern, von Galgen, Särgen und Stiefelmännern, aber auch von Karussells, Kinderrollern und Apfelbäumen waren noch da. Ein Gedicht war in der Zeitung ebenfalls wiedergegeben, wir lasen es uns vor und übersetzten es, mitten in dem Lebensgedröhn der Galleria, den triumphierenden Stimmen der Zeitungsausrufer, dem Flüstern der Liebenden, die sich vor den Schaufenstern trafen und einander mit glühenden Blicken verzehrten. Das Gedicht war von einem Kind namens Teddy, der wäre heute über dreißig Jahre alt, könnte hier umherwandern, Camparisoda trinken und ein Mädchen treffen, ist aber verscharrt, verschollen. Hat einmal geschrieben, Theresienstadt mutet mich schrecklich an – wann gehen wir nach Hause, weiß selbst nicht, wann, was nun wieder, nach mehr als zwanzig Jahren, mich schrecklich anmutete und daß wir, du und ich, während dieser Zeit lebten, uns liebten und glücklich waren. Außerdem der Gedanke, daß die Grausamkeit, die damals mit so offenem Hohn gewaltet hatte, nicht wie durch einen Zauberschlag verschwunden sein könne, daß sie noch irgendwo lauere, bereit hervorzubrechen und völlig sicher, ihre Opfer zu finden.

Kalte Wintertage und erste gefrorene Blätter, frostschwarze, die aussahen, wie die in den Gebirgen Tibets zur Warnung an den Wegrand gesteckten Hände erfrorener Wanderer. Was mir von ungefähr durch den Kopf ging, war nicht dazu angetan, meinen Mut zu stärken. So entsann ich mich damals eines Spaziergangs im Hochschwarzwald, Sommer, aber düstere Landschaft, blauschwarzer Himmel, hohes Gras, aus dem plötzlich ein überlanger fetter und weißer Männerarm (eines Luftbadenden) wächst und sich langsam hin und her bewegt. Nachts wieder das Gehen auf langgeschwänzten Mäusen, gräßlich, immer ein halbes Versinken zwischen den weißen Schwänzen, wie in einem Sumpf. Am Morgen eine Erinnerung an die Kirche in Wittlaer am Rhein, zwei Fahnen mit Samt- und Tuchapplikationen, Christus mit weißen Augen, von denen eines gebrochen ist. Die Dornen wie schwarze Zungen überall aus dem Leib hervorragend, das aus der Seitenwunde tretende Blut ein Schwänzchen von ausgefranstem rotem Plüsch. Erinnerung auch an ein Fest der Madonna in der Gegend des Monte Amiato, Kinder trommelnd, schwarze Augenlöcher in flachen weißen Masken aus Gips. Das schönste Mädchen trägt einen Totenkopf, der stattlichste Mann die Maske eines Stiers. Auf dem breiten Absatz der Kirchentreppe wird ein riesiges schwarzes Holzkreuz hin und her getragen, der Sakristan fordert die Zuschauer auf, die Stufen heraufzusteigen und sich kreuzigen zu lassen. Der Dorfzwerg, Dorftrottel, wird hinaufgeschoben und wieder freigelassen, endlich sogar ein Hund. Ein Hund ans Kreuz geschlagen, weil kein Mensch mehr da ist, der den Opfertod sterben will, ein jämmerlicher Scherenschleifer, dem man gewaltsam die Pfoten auf den Kreuzbalken ausbreitet und der, am Ende wieder losgelassen, heulend und kläffend das Weite sucht. Ein Opferlamm, aber was nützt das heutzutage, wir selbst sind dabei, uns (aber wem) zum Opfer zu bringen, unfreiwillig, ohne Gedanken an ein Leben in der Hierarchie der Engel, in einem goldenen Paradies. In der Welt habt ihr Angst,

Angst vor allem und jedem, zum Beispiel, wenn durch einen Kurzschluß das Licht im Treppenhaus erloschen ist, und da tappt ihr im Dunkeln die Treppe hinauf und öffnet im Dunkeln mit dem Schlüssel eure Tür. Die Tür geht auf und ist von drinnen nicht wieder zu schließen, etwas stemmt sich dagegen, weit unten, ein Fuß, der zwischen Tür und Angel geschoben wird, Fuß des Einbrechers, Fuß des Mörders, den man nicht mehr aussperren kann. Ihr steht noch im Dunkeln, überlegt nicht, drückt nur und werft euch endlich mit eurem ganzen Gewicht gegen die Tür, gegen den Fuß, der euch nachgeschlichen ist, und weich ist er auch, ein rechter Schleichfuß, nichts zu spüren von Knochen und Gelenken und wimmert am Ende; da fährt eure Hand zum Lichtschalter, da seht ihr die Katze des Nachbarn, für die ihr manchmal einen Napf mit Milch gefüllt hattet, aber jetzt habt ihr sie totgedrückt, erstickt, schlaff liegt sie im Türspalt, die Eingeweide quellen heraus. Angst vor allem und jedem und gelegentlich eine ganz unsinnige Hoffnung, wie die auf den Helikopter, der auf dem Damasushof im Vatikan landen und die Botschaft bringen sollte, keine Engelsbotschaft, sondern nur ein Schreiben von einer auswärtigen Ortsgruppe der Democrazia cristiana, das wußte jeder, aber es starrten doch Tausende verzückt in den sonnigen Nachmittagshimmel und blieben auch stehen, als die Zeit längst vorüber war und die kalten Wolken aufzogen, und blieben noch stehen, als der Regen fiel.

Ich durfte mich nicht in Erinnerungen und Traumvorstellungen verlieren. Ich mußte auf der Spur bleiben, weiterlernen, wenn ich auch nicht wußte, auf welcher Spur und zu welchem Ende. Gelegenheit zu lernen gab es immer, zum Beispiel, wie Menschen sich verhalten, man erfährt dann, daß sie gar nicht so über einen Kamm geschoren sind, wie sie sich ausnehmen, wenn sie durch die Geschäftsstraßen der großen Städte trotten und sich dem Kaufzwang brav unterwerfen, etwa auf Wunsch des Herstellers einen neuen Kühlschrank erwerben, obwohl ihr bisheriger sie noch einige Jahre lang mit Eiswürfeln, Eisgetränken, eiskalter Butter versorgen würde. Es gab Sonderlinge noch immer, auch unter den Beitragszahlern, Zeitschriftenmappenabonnenten, Fernsprechteilnehmern, noch immer ein kleines Freibeutertum, ein wenig Gedankenfreiheit hinter der engen Stirn. Einige, die vollends aus der Reihe tanzen, nehmen freilich ein trauriges Ende, nehmen es sich selbst, wie der Nachbar meiner Freunde im Taunus, der sich in jenem Dezember in seiner Wellblechhütte erschossen hat, weil er eine kleine Freiheitsstrafe nicht antreten wollte. In der Hütte hatte er viele Tiere gehalten, übrigens auch Mädchen, allerjüngste, allerschönste, eins nach dem andern, die kamen und verschwanden wieder, und über den Gartenzaun weg erzählte er meinen Freunden von ihren Vorzügen, Rosenfingerchen, Rosenmündchen, und hob über den Zaun auch die schönen chinesischen Enten, schillernd blaugrüne Köpfe, weißer Ring um den Hals. Denen hatte er im Stadtpark den Köder am Nylonfaden zugeworfen und sie am Nylonfaden ganz langsam zu sich herangezogen, um sie am Ende, umgeben von lauter Spaziergängern, Entchenfütterern, Tucktucktuckrufern, blitzschnell unter der Jacke zu verstecken und hocherhobenen Hauptes, den Kassierer freundlich grüßend, den Garten zu verlassen. Auch die Hasen, die im Schuppen hausten, waren von ihm selbst gefangen, wenn man nachts durch den Wald fährt, wie oft kommt da ein Hase ins Scheinwerferlicht, kommt hinein, aber nicht wieder heraus, zappelt wie in einem Netz, läßt sich von der Seite her greifen, und die Waldstraßen sind einsam, niemand hat etwas gesehen. Schlingen zu legen und Fallen zu stellen ist gut, besser im Frühlicht in den Wald gehen mit der Büchse, welches männliche Handwerk ihm am Ende gelegt werden sollte, und die Hütte geräumt, aber zunächst waren die Tiere noch da, konnten bellen, fiepen, schnattern und mit ihrem Hungergeschrei den

Tod ihres Herrn ansagen, der nicht in den sogenannten Gewahrsam wollte, dann schon lieber in den Tod. Ja, diese Sonderlinge, wilde Männer und Spintisierer, Erfinder von wunderlichen Dingen, einer Dusche etwa, die, von den Sonnenstrahlen ausgelöst, auf das Grab der Eltern Regen fallen läßt. Diese Alten, die ihr versunkenes Leben weiterführen, aber im Rausch, im Wahn, wie der Bergführer mit dem Texashut, den ich im vergangenen Sommer (aber noch blinden Auges) gesehen hatte, wie er mit der Sesselbahn auf den First fuhr und wieder herunter und wieder hinauf, immer mußte der Sesselnachbar ihm die Fahrt bezahlen, immer erzählte er phantastische Geschichten von dem, was er gerade vorhatte: eine beim Edelweißpflücken abgestürzte Touristin retten, in die Fischerwände steigen, um die Toten einer dort verlorenen Seilmannschaft zu bergen, aber jeder wußte, er war fertig, er bekam seiner Trunksucht wegen längst keine Aufträge mehr.

Wie schnell man sich daran gewöhnt, wieder da zu sein, zu sehen, zu hören, zu empfinden und den Anforderungen der Menschen zu entsprechen. Von der freudigen Erwartung, mit der ich mein neues Leben begonnen hatte, war bald nicht viel übrig, und fast sehnte ich mich nach meinem früheren Zustand der Stumpfheit, der Leere, zurück. Wenigstens hatte ich in diesem Zustand ein Wohlgefühl gekannt, ein plötzliches grundloses Hochschweben, im Einklang mit mir selbst sein, vielleicht dir nahe, zugleich animalisch und sublim. Von solchen Stimmungen war jetzt keine Rede mehr, es war für sie auch kein Raum mehr, und die Stille, die du so sehr liebtest, wurde von den heftigen und brutalen Geräuschen des Lebens verdeckt. Zu den Aufträgen, von denen ich früher erzählt habe, waren, ganz abgesehen von meinen persönlichen Forschungen, noch andere gekommen, die Vorlesereisen waren noch nicht zu Ende, und schon im November hatte mich jener Herr Welte oder Welter durch ein neues großes Projekt erschreckt. Ich sollte in einigen Monaten über See fahren, vorbei an den Säulen des Herkules, in einen Erdteil, den du nicht kanntest, mit dem mich nichts verband. Viele meiner Abende verbrachte ich jetzt in der angenehmen, oft sogar festlichen Gesellschaft von Freunden, auch im Theater, also alle Tage Kuchen, aber kein tägliches Brot, nicht die kleinen Gebärden des Einsseins, nicht das mögliche Schweigen. Nachts heimkommen in die leere Wohnung, nur das eigene Bett aufdecken, überhaupt das Für-sich-Sorgen, wobei man schneller, als man es je für möglich gehalten hätte, sich zweiteilt und mit sich selber spricht. Daß dein Tod für alle anderen eine bedauerliche Tatsache, für mich aber ein lebendiger Prozeß, immer noch Anziehung, Abstoßung, Nähe und Ferne war, wollte niemand verstehen. Allenfalls glaubte man, daß ich nachts in deinem Zimmer ein paar Tränen vergösse, aber die flossen nicht, weil da so viel mehr war als Wehmut, der leidenschaftliche und angstvolle Wunsch, dich dort, wo du bist, glücklich zu wissen. Glücklich, wie du warst an jenem Abend, Sonnenuntergang im Marmarameer, roter Himmel und Heckwellen, feuergestreift, fortziehend zu den schwarzen Küsten. Glücklich, wie du warst, wenn du redetest mit lebhaften Gebärden, beseelten Augen, etwa von der ersten Auflehnung der Menschen gegen die göttlichen Mächte, und wie sie, sich gegen den Himmel stemmend, ihn zugleich schon tragen halfen und damit Last und Kraft erfuhren und erfanden. Glücklich, wie du warst beim Fest der Madonna des Rosenstrauchs in der unheimlichen Stadt Neapel, in der engen von Lichtbögen überwölbten Straße, wo auf einem Podest die alten Männer spielten, der urälteste auf der Baßgeige, und die jungen Mädchen fluteten durch die glitzernde Schlucht, sangen nicht laut, bewegten nur andächtig die schönen Lippen, Chioma rossa, und Blumen und Lichter und weiße Kinderkleider hinter gußeisernen Balustraden, und auf den Dächern unter dem einzigen blassen Stern.

Alles, was Kinder sagen, tun, hat eine Entsprechung im Verhalten Erwachsener und ist doch auch etwas ganz für sich, in das keine Erinnerung hinabreicht, weshalb man den Kindern auch nie eigentlich helfen, sie nur vor den besonders vergeßlichen Erwachsenen zu schützen versuchen kann. Kinder zu beobachten wäre aufschlußreich, wenn nicht das Beobachten an sich schon ein Frevel wäre, so wie einen Schlafenden anzuschauen Frevel, einen Schlafwandelnden zu wecken tödlich ist. Kinder haben alle entsetzlichen Eigenschaften der Erwachsenen, auch alle Untugenden ihrer Zeit, und leiden unter alldem hundertmal mehr als die Großen, weil ihnen alles ausweglos erscheint, während der gesunde Erwachsene sich hurtig die Fluchtlöcher öffnet, die rettenden Brücken baut. Ein Ausgleich für diese größere Verwundbarkeit der Kinder ist ihre geniale Spielbegabung. Bei dem Spiel »Memory« zum Beispiel, bei dem Kartenpaare (zwei Schornsteinfeger, zwei Elektriker, zwei Holzfäller, zwei Schuster usw.) gemischt und bäuchlings in Reihen auf den Tisch gelegt werden, wird eine aufgedeckte und wieder mit dem Bild nach unten niedergelegte Karte unbedingt im Gedächtnis behalten und beim Erscheinen des Zwillings ganz automatisch eingesammelt, was auf Erwachsene wie Zauberei wirkt, oder so, als sei die ganze Fläche von ausgelegten Karten für das Kinderauge transparent und böte sich nur den Großen so einförmig dar. Auf nicht für sie bestimmte unerfreuliche Mitteilungen von Erwachsenen reagieren Kinder entsprechend ihrem Temperament. Bei der Schilderung eines Nachtasyls in Holland, in dem es keine Betten, sondern nur am Abend ausgespannte Seile zum Sichdarüberhängen gibt, fing der achtjährige Sanguiniker sogleich an zu phantasieren, malte aus, wie er, statt wie ein Halbtoter über dem Seil zu hängen, sich auf den Strick schwingen und darauf schaukeln würde, hin und her, die ganze Nacht, man erlebte förmlich mit, wie ihm dabei die Zeit im Fluge verging. Der neunjährige Melancholiker saß währenddessen still am Tisch, machte kleine Augen, kleine Ohren, und man konnte ihm ansehen, wie das Unbehagen des Elends ihn als eine schreckliche Möglichkeit des Erwachsenenlebens ergriff. Die Anpassungsfähigkeit der Kinder, ihr Umlernenwollen, Glücklichseinwollen ist trotz alledem groß. Der vor ein paar Wochen von einem freundlichen amerikanischen Ehepaar adoptierte Karl oder Willy oder Heinz, den seine neuen Eltern Jeremiah nennen und der keineswegs auf dem schwarzen Kindermarkt gekauft, sondern dem trübsten Dasein bei lieblosen Verwandten entrissen worden ist, hockt zwar in den ersten Tagen in seinem schönen von Radiomusik überspülten, mit blauen Elefanten und rosaroten Bären ausgestatteten Kinderzimmer, tief verängstigt, tränenüberströmt, einen schmutzverkrusteten, einbeinigen Teddybär im Arm. Aber nach ein paar Wochen rennt er schon durch den Garten, trägt ein wild gemustertes Cowboyhemd, der Lautsprecher brüllt, und das Kind schreit Hey, Madam, und schießt mit seinem kleinen Revolver in die Luft. Das waren meine neuen Erfahrungen mit Kindern, auch die eines schwachsinnigen Gotteskindes, in dem eine ganze unruhige, unlustige Familie ihren Lebensmittelpunkt, ihre Stille fand. Auch daß Kinder auf die Macht und Ehre ihrer Eltern oder eines Elternteils erpicht sind wie der Teufel auf die arme Seele. Erhöhung der Eltern ist Erhöhung des eigenen Wesens, wächst die Macht, wächst der Schutz, wobei natürlich der Bierkutscher eine weitaus imponierendere Persönlichkeit ist als der Professor, der nur mit gedrucktem oder zu beschreibendem Papier hantiert. Der Sohn eines berühmten Komikers geriet, als er zum erstenmal einer Vorstellung seines Vaters beiwohnen durfte, angesichts des vor Lachen brüllenden und sich auf die Schenkel schlagenden Publikums außer sich vor Zorn. Er glaubte den Vater ausgelacht, sprang auf seinen Stuhl, schrie und schüttelte die Fäuste, schließlich mußte man ihn nach Hause bringen.

Schon am 20. November war ich wieder unterwegs. Die Städte, in denen ich meinen Vortrag halten mußte, waren zerstört gewesen und wieder aufgebaut worden, ihre Häuser wirkten wie Möbel aus dem Warenhaus, modisch und spießig, teuer gebaut, aber geistlos und billig hergestellt; sie waren einander überall ähnlich, das noch vereinzelt übriggebliebene Alte präsentierte sich dann wie eine Barockkommode in einer Umgebung von Linoleum, Polstersesseln und Glas. So gab es auch keine Städte mehr, die wie früher allein durch ihre Bauweise nach Weihrauch rochen oder nach Reformation schmeckten, nur gottlose Ansammlungen von Warenhallen und Wohnkasernen, nur die gläsernen Hochhäuser reckten sich da mit entschlossenerer Gebärde heraus. Die Zeugnisse der Vergangenheit wirken in solcher Umgebung erschütternder, auch beängstigender als früher, einmal in ihre Nähe gelangt, glaubt man sich festgehalten, gefesselt im wahren Sinne des Wortes. So kam ich auf dieser Reise einmal nach L. in ein altes Spital aus dem 13. Jahrhundert, aber immer noch benützt, immer noch besiedelt von Hunderten von alten Leuten, von denen wohl angenommen wird, daß sie dort auf ihren Tod warten, während sie ihm doch wahrscheinlich täglich triumphierend die Stirn bieten. Eine kleine Stadt im Innern eines riesigen gotischen Gewölbes, Straßen mit winzigen Reihenhäuschen, in jedem Häuschen nur ein einziges Zimmer, aber Eingangstüre und Fenster, und auf hübsch bunt bemalten Schildchen der Name des Insassen und das Datum seines Einzuges, ein weiteres brauchte nicht hingesetzt zu werden, das nächste war schon der Tod. In dieser Spielzeugwelt des Uralters umherzugehen, faszinierte mich. Hinter den Fenstern sah ich kleine Rundfunkgeräte, schäbige Andenken, Bilder von schönen gefallenen Söhnen, hörte ich es murmeln hinter den Blumentöpfen, schon abgewandelt ins Jenseitige, Geisterhafte, aber doch noch der alte Gesang des Lebens, Klatschgeschichten, Liebesgeschichten, und das alles überwölbt von den zu hohen Pfeilern und Bögen, die der Alltäglichkeit des Verdorrens, Verblödens die majestätische Trauer mittelalterlicher Weltangst und Frömmigkeit verliehen. Am Ende fand ich den Ausgang nicht und bildete mir ein, nun nie mehr von hier wegzugelangen, vielleicht gab es nur einen Eingang, aber keinen Ausgang oder nur einen, den man liegend, schwarz zugedeckt, zwischen brennenden Kerzen passierte. Ein Kämmerchen war wohl schon bereit, ein Schildchen ölfarbenfrisch riechend mit meinem Namen bemalt. Der Welt draußen Nachricht zu geben war nicht mehr möglich, niemand hatte mich das Spital betreten sehen, niemand würde wissen, daß ich fortan hier am Morgen mein Bett auslegte, mein Fuchsientöpfchen begoß. Als ich dann wieder auf der Schwelle zur Straße stand, zog es mich zurück in das seltsame Zwischenreich, wo unter den mächtigen Symbolen der ewigen Liebe und des ewigen Lebens die kleinen Gebärden des Zeitlichen noch fortgeführt wurden, wo es alles gab, eine von schlürfenden Schritten aufgerührte Vergangenheit, eine leidenschaftlich und triumphierend festgehaltene Gegenwart, nur eben eines, die Zukunft, nicht. Ein anderes Erlebnis in L. war nicht weniger merkwürdig und geht mir nicht weniger nach, wobei doch eigentlich ich ihm nachgehe, das heißt, den Weg verfolge, der mich aufs Podium, diesmal ein auf der Bühne eines Schauspielhauses aufgestelltes, führte. Ein Suchweg, ein Irrweg auch dieser, in den Damengarderoben flatterten altmodische Seidenkimonos im Zugwind, Treppchen, Gängchen, gerade und gewinkelte, helle und dunkle, und dann plötzlich ein Zimmer, eine Bibliothek mit leeren Bücherrücken, zwei trübsinnig gemusterten Fauteuils, einem mächtigen Sekretär. In den beiden Polsterstühlen saßen völlig regungslos zwei Männer in schwarzen Uniformen und glänzenden Helmen, ich setzte mich auf den Schreibtischstuhl, meine stummen Wächter rührten sich nicht. Eine Wand des schon für die Abendvorstellung aufgebauten Zimmers war der Bühnenvorhang, in Bühnenvorhängen soll es ein winziges kreisrundes Loch geben, durch das die Schauspieler ihr Publikum mustern, ich wollte das auch tun, aber ein Loch war nicht da. Ich bekam ein Zeichen hinauszugehen und schob mich durch den Vorhang, da war nichts, keine Sitzreihen, keine Logenbrüstungen, nur das Pult mit einer winzigen, ganz schwachen Lampe und dahinter Schwärze, keine Gestalt, kein Gesicht. Ins stickig Schwarze hinein mußte ich sprechen, vielleicht vor leeren Bänken, vielleicht vor Toten, in den kleinen Pausen, die ich machte, wollte ich auf geflüsterte Worte, auf Atemzüge horchen, aber ich wußte schon, ich höre nichts. Auf diese Weise allein mit meinem nun schon zum Überdruß oft wiederholten Vortrag fehlte mir der Atem, ihn an den Mann, an den Niemand, zu bringen. Schließlich las ich doch, fraß mich durch die staubigen Seiten und fühlte, wie aus der finsteren Kuppel Staub auf mich fiel. Das Klatschen am Ende war dann eine Erlösung, auch das Aufflammen des Kronleuchters, auch der Blumenstrauß, der mir heraufgereicht wurde, aus einer herrlich nüchternen alltäglichen Welt.

Auf solchen Reisen erfuhr ich, teils bei den schon erwähnten Zusammenkünften, teils auch unterwegs, vieles, woraus ich hätte klug werden können, es aber nicht wurde, weil mir die Fähigkeit, die richtigen Schlüsse zu ziehen, noch immer fehlte. Ich notiere darum nur einige dieser Nachrichten aus dem Osten und dem Westen, die meinem Mißtrauen gegenüber der Wohlaufgeräumtheit des heutigen Lebens neue Nahrung gaben. So die Geschichte eines Mannes, der, für kurze Zeit aus den Vereinigten Staaten heimkehrend, seine Schwester besuchen wollte. Er hatte diese Schwester vierzig Jahre lang nicht gesehen. Als er ihre Wohnung ausfindig gemacht hatte, wagte er nicht, sie dort aufzusuchen. Er ging zu einer Kaufmannsfrau, die in derselben Straße wohnte, und sprach mit ihr, und die Kaufmannsfrau ging zu seiner Schwester, die nicht zu Hause war, und bestellte sie in den Park. Dort sagte sie ihr, daß ihr

Bruder angekommen sei, und die Schwester sagte, ich weiß es, ich habe es geträumt. Es galt nun, einen Platz zu finden, wo Bruder und Schwester einander wiedersehen konnten. Nach vielem Überlegen verschaffte sich die Kaufmannsfrau die Schlüssel einer Tischlerwerkstatt, die leerstand, weil der Tischler zum Militär eingezogen war. Dort, zwischen halbfertigen Möbeln und Särgen, in dem Geruch des frischen Holzes, trafen sich Bruder und Schwester, umarmten sich und weinten. Die Schwester umarmte auch den Sohn des Bruders, der seinen Vater begleitet hatte. Wo sind deine Kinder, fragte der Bruder, sieh, ich habe meinen Sohn diese weite Reise machen lassen, damit er deine Kinder kennenlernt. Meine Kinder sind zu Hause, sagte die Schwester, ich habe nicht gewagt, ihnen etwas zu sagen. Deinen eigenen Kindern, fragte der Bruder. Er mußte am nächsten Morgen wegfahren und ehe er sich von seiner Schwester trennte, bat er sie, auf den Flugplatz zu kommen, nach ihm auszuschauen und, falls sie ihn dort nicht sähe, die Botschaft seiner neuen Heimat zu verständigen. Die Schwester stand anderntags auf dem Flugplatz mit einer Schar von Leuten, sie gab, als ihr Bruder mit seinem Sohn vorüberging, nicht das leiseste Zeichen des Erkennens, stand unbeweglich mit erstarrtem Gesicht. Erst als der alte Mann, den sie seit ihren gemeinsamen Kindertagen nicht gesehen hatte und den sie nie wieder sehen würde, ihr von der Treppe des Flugzeugs noch einmal zuwinkte, hob sie die Hand und strich mit einer langsamen und zärtlichen Bewegung eine Falte in ihrem Kopftuch glatt. Ein anderes Mal erzählte man mir die Geschichte eines ehemaligen Häftlings, dessen nackten nassen Körper man mit Glaswolle bedeckt, eigentlich beregnet hatte, und wie er, die quälend juckende Haut kratzend, sich selbst die entsetzlichsten Wunden beibringen mußte. In der dritten und letzten Geschichte hatte ein Polizist einen jungen Mann totgeschossen, der im Begriff gewesen war, einen wertlosen Gegenstand zu entwenden und der dann, als der Strahl der Taschenlampe sich auf ihn richtete, weggelaufen war, fünfzehnjährig, sechzehnjährig, wie beim Räuber- und Gendarmenspiel, langbeinig, durch den sommerlich duftenden Park. Wo all das von mir Gehörte und Beschriebene sich begeben hat, spielt meiner Ansicht nach keine Rolle. Es hat sich begeben auf unserer Erde, auf der wir atmen, lieben und essen, an der aber etwas faul sein muß, und in unserem eigenen Fleisch.

Ich las in jener Zeit wenig, abgesehen von dem, was ich beurteilen mußte, nämlich Prosa von heute, an der mir ein seltsam kalter, fast wissenschaftlicher Stil auffiel, auch die Neigung, mit Methoden der Polizei oder des Gerichtssaales einem Ereignis oder einem menschlichen Wesen nachzuspionieren, es von allen Seiten zu umzingeln und es auf diese Weise in die Enge zu treiben. Die Zeit saß über sich selbst zu Gericht, enthüllte erbarmungslos ihre eigene Kälte und Gleichgültigkeit, fragte und antwortete, fragte und antwortete, bei diesem großen Kreuzverhör kam am Ende wenig mehr heraus als eben die Fragwürdigkeit, die ein Rest des Humanen, vielleicht der letzte ist. Sehr anderes las ich, als ich einmal in meinen alten, immer geduldig wartenden Büchern herumblätterte und mir dabei der berühmte Brief der Caterina von Siena an einen ihr befreundeten Mönch in die Hände fiel. In jener gewiß auch dunklen, von furchtbaren Bedrohungen überschatteten Epoche war immerhin Gott noch jemand, ein mächtiger Gegenspieler, mit dessen Kraft sich der hinfällige Mensch im mystischen Außersichsein vereinen konnte, während das Kennzeichnende des heutigen Menschen seine gottverlassene Einsamkeit und Langeweile ist. Auch wer in seinem Nebenmenschen auf- und mit ihm unterging, gelangte damals zu Gott, was noch etwas bedeutete und mehr als ein seliges Hinwallen in einem heute als langweilig empfundenen Paradies. Dem erwähnten Brief liegt eine ganz moderne Situation zugrunde: ein wegen abfälliger Kritik an der

Regierung zum Tode verurteilter Häftling soll geköpft werden. Der Mann ist gottlos oder wenigstens lau im Glauben, er hat wahrscheinlich seit seiner Kindheit die heilige Kommunion nicht empfangen. Caterina, die von dem Urteil erfahren hat, steht ihm in seinen letzten Tagen und Stunden bei und hält endlich sein abgeschlagenes Haupt im Schoß. Schon vorher hat sie selbst ihren Kopf auf den Richtblock gelegt und dabei, recht herrisch, die heilige Caterina von Alexandria und die Muttergottes um Beistand angerufen. Ihre Kraft danach ist ungeheuer, sie fordert den durch ihre Teilnahme schon aufgerichteten Verurteilten auf, mit ihr zur Hochzeit, einer mystischen Hochzeit, zu gehen und küßt ihn wie einen irdischen Bräutigam. Ihre Schilderung dieser Vorgänge ist abstoßend und faszinierend, schon zu Anfang spricht Caterina von der Speerwunde Christi und dem Duft des Blutes, das dieser Wunde entströmt, später vom Blut und Feuer als den mystischen Vehikeln, die zur Erlösung und zur Vereinigung führen. Solche Möglichkeiten des Einswerdens auch mit dem leidenden Nebenmenschen kennen wir nicht mehr, der eigenen Teilnahmslosigkeit steht die der andern gegenüber, was eine doppelte, also äußerste Einsamkeit ergibt. Gemessen an den Erfahrungen der furchtbaren und großartigen Caterina (aber auch an denen noch viel späterer Zeiten) sind die Verfolgungen von gestern und die Kriege von morgen nicht nur sang- und klanglos, sondern auch trostlos, keine mystische Hochzeit mit dem Tode, ein kaltes Verstummen und Ausgelöschtwerden, dem sich selbst der letzte Hahnenschrei versagt.

Immer kürzere Tage, Höhlenfinsternis, in die ich schlüpfte, wie in einen angenehmen Schoß, der Auferstehung der Natur gewiß und eigentlich einverstanden mit der kurzen Zeitspanne, in der draußen nichts ist und Erinnerung und Phantasie alles hervorbringen müssen. Daß in solcher Dunkelheit auch anderes als Licht und Blumen, nämlich Dunkelheit auftaucht, erfuhr ich, als ich dich wieder einmal vor Augen hatte, aber nicht wie noch vor kurzem als einen gelassenen und glücklichen Menschen, sondern von Schwermut gezeichnet und von finsteren Gewalten bedroht. Wieder waren wir auf einer Schiffsreise, so als hätten wir unser Leben lang nichts anderes getan als auf südlichen Meeren von Küste zu Küste zu fahren. Im Westen steht am Himmel zwischen schwarzen Fischwolken ein blutroter See, im Osten der Mond über den Hügeln der Küste, der sich das Schiff langsam nähert. Ein breiter, ganz gerader Schaumstreifen weist vom Heck des kleinen Dampfers auf die vor kurzem verlassene Insel Capri zurück. Neben uns sitzt ein Hochzeitspaar, der junge Mann singt unablässig sehnsüchtige Lieder, starrt in den Mond und küßt seine Braut, die aber alt und von erschreckender Häßlichkeit ist, ein Totenkopf beinahe vor der wilden, überaus schönen Himmelslandschaft und der schimmernden Pflugbahn im Meer. Keine Erinnerung an besondere Bedrückung angesichts des ungleichen Paares, aber das Gefühl eines Verhängnisses, das damals schon und in den glücklichsten Augenblicken über dir schwebte und das vielleicht eine der Ursachen unserer leidenschaftlichen Zuneigung war. Erinnerung auch an gewisse Blicke von äußerster Fremdheit, die natürlich aus der allerletzten Zeit deines Lebens, deiner Krankheit stammen und die ich in frühere Zeiten ganz zu Unrecht zurückversetzte. Plötzlich das Bild einer auf der Via Appia stadtwärts rollenden altmodischen Kutsche, darin sitzt der Maler Alfred Rethel mit seiner jungen Frau und seinem Kind. Die Familie ist auf dem Wege nach Hause, ins Rheinland, wo Alfred Rethel vor kurzem seinen schauerlichen Totentanz beendet hat. Im Wagen, zwischen den sommerlich blühenden Ruinenhügeln und den wandernden Ketten der römischen Wasserleitung wird Alfred Rethel plötzlich wunderlich heftig, in grundlosem Zorn starrt er seine schöne junge Frau wie eine vollkommen Fremde an. Marie Rethel steigt aus, pflückt einen Arm voll Anemonen und streut die Blumen angstvoll über das schlafende Kind. Ihre Gebärde, so sentimental und hundertjahrealt sie anmutet, war meine Gebärde, ihre Angst war meine Angst und die aller Frauen, die, in der Natur (ihrer Natur) gut aufgehoben, die ganz andere geistige Verfassung des Mannes, sein eben Nicht-Aufgehobensein, erkennen. Was da vor ihren Augen drohend heraufzog, war die große Verfinsterung des Herakles, den in einer bestimmten Zeit seines Lebens keine seiner Heilstaten mehr freute, der in keinem künftigen Werk noch einen Segen sah. Die Anemonen der Marie Rethel stehen für jeden Versuch der Besänftigung des Schicksals, ihr nützten sie nichts, Rethel wurde schon bei der Heimkehr als unheilbar schwermütig von ihr getrennt. Anderen gelingt es, das Verhängnis abzuwenden, bis die Krankheit, irgendeine banale aber tödliche Krankheit, den Abgrund auftut, der nicht mehr zu überbrücken ist. Mir war es gelungen, oder doch nicht, nicht ganz? Diese Gedanken verfolgten mich lange. Ich gab mir alle Mühe, sie abzuwehren. Das Glück der Vergangenheit wenigstens sollte mir niemand nehmen.

Wer diese Aufzeichnungen liest, wird es kaum für möglich halten, wie oft ich, wie übrigens die meisten Menschen, der reinen Faszination des Lebens verfallen bin, das heißt, entzückt war von der Tatsache, daß ich sah, hörte, atmete, schmeckte, mit einem Wort, da war und auf dem Wege meiner Sinne zahllose Botschaften empfing. Jemand, ich glaube, André Gide, hat einmal geäußert, es fiele ihm außerordentlich schwer, *nicht* glücklich zu sein; ich möchte dasselbe sagen, wenn auch der Begriff Glück bei mir und gewiß auch bei Gide sehr vieles und eben auch die Fähigkeit zu leiden umfaßt. Die Art, an solchen Tagen die Welt zu sehen, hat nichts von einem Blick durch rosagefärbte Gläser, viel eher ist es ein Zauber, der plötzlich mehr und tiefer hören und sehen läßt, was dann wieder den Wunsch nach weiterem, ja, unendlichem Dasein erweckt. Solche Zustände wechseln mit Niedergeschlagenheit und Überdruß, und wie auf der in Bamberg ausgestellten Hohenloheschen Kette die zwischen goldenen Dornenzweigen und Saphiren erscheinenden Buchstaben i. b. n. m. ganz verschieden, nämlich als die Worte: Ich begehre nach mehr, Ich begehre nach Minne und Ich begehre nichts mehr, zu deuten sind, kommt auch den auf den Kettengliedern unserer Tage eingeschriebenen Buchstaben eine immer andere Bedeutung zu. Die schon entlaubten, vom Westwind bewegten Pappeln vor meinem Fenster warfen eines Abends einen feinen unruhigen Schatten auf mein Schreibpapier. Mein Atem ging leicht, ich dachte mit Entzücken an den trotzigen reinen Blick eines jungen Menschen, der mich eben verlassen hatte. Einige in der Zeitung abgebildete Architekturzeichnungen erregten meine Neugierde, es waren phantastische auf dem Wasser zu bauende Städte, runde Inseln mit wie Segel ausgespannten dünnleibigen Wohnblöcken, auch ein Kreis von in den Meeresboden gerammten Wohnzylindern, an deren Fenstern die Fische vorbeischwammen und die nur mit einer flachen, von blühenden Gärten bedeckten Scheibe übers Wasser ragten. Auch eine Brückenstadt, gedacht, den Hudson zu überqueren, nicht gradlinig, sondern gekrümmt wie ein überlanger Lurch, der in seinem Leib Wohnungen, Geschäfte, Gärten und Straßen birgt. Die Erfindungsgabe dieser Architekten begeisterte mich, ebenso wie ein Bild der letzten Sonnenfinsternis, das mir gerade in die Hände fiel und auf dem die Sonne nur wie ein blasses Möndchen, eine hauchdünne liegende Sichel zu sehen war, während, als sei dieses Gestirn eben doch nicht wirklich zu verfinstern, auf der Platte des Photographen an ganz anderer Stelle ein riesiger geisterhafter Strahlenstern erschien. Was mir dabei, aber in gar keinem Zusammenhang damit, einfiel, war aus demselben Guß: dem Pferd des Marc Aurel auf dem Kapitolsplatz in Rom unter dem bronzenen Bauch sitzen, Pferdeleib und Reiterleib gegen den dunkelblauen Nachthimmel sehen und die schöne, im Sinne einer Schutzgebärde ausgestreckte Hand. Im Volksmund heißt es, die Statue setze aus der Luft Gold an. Auch wir haben diese Fähigkeit, wenn auch selten, meistens setzen wir nur Schmutz und Grünspan an. Die Goldtage sind eine Gnade, von der es bei Dante freilich auch heißt, daß man sie wollen kann. Wenn in seinem Tal der Blumen eine Seele wollen kann, löst sie sich und schwebt einem höheren Kreise zu. Dann aber, so heißt es weiter, erbebt der ganze Berg, und alle Seelen brechen in einen ungeheuren Jubel aus.

Der Gedanke an die mir kürzlich aufgetragene große Reise nach Südamerika bedrückte mich sehr. Ich empfand keine rechte Freude bei der Vorstellung, so fremde Länder zu sehen, zugleich war ich auch unzufrieden mit mir, eben darüber, daß ich keine Freude empfand. Wie sehr hatte das kleine Stück des Komponisten Robert Schumann »Von fremden Ländern und Menschen« mich in meiner Kindheit entzückt, ja, es hatte eigentlich während meines ganzen Lebens seinen sehnsüchtigen und schwermütigen Zauber nicht verloren. Jetzt fragte ich mich, was mich dort, das heißt, in den fremden Weltgegenden, erwarten sollte, was ich nicht auch hier finden könnte und ob nicht die bizarre Gestalt einer gelockten Alpenveilchenblüte unter Umständen den Anblick des Hafens von Rio de Janeiro ersetzen, oder anders ausgedrückt, ob sie nicht ebenso starke Gefühle für die schwermütigen Rätsel der Schönheit übermitteln konnte. Außerdem müßte ich, ehe ich das fremde Leben erforsche, etwas von dem bekannten wissen, ihm zumindest mehr als bisher auf den Grund gekommen sein. Auch hier gab es so viel noch zu erfahren, jedes Haus hatte seinen Schrumpfkopf im Wandschrank, jede Familie ihr indianisches Kauderwelsch, jedes Herz seine Urwälder und seinen Amazonenstrom. In B., wo ich auf meiner zweiten Reise nach Italien einige Tage verbrachte, erfuhr man noch am meisten (mehr als in der Stadt) und die erstaunlichsten Dinge, hatte auch alle Jahreszeiten immer gegenwärtig, im Hochsommer die weichen Föhnstürme des Winters, im November den vom Geißblatt überrankten wilden Pflaumenbaum auf dem Kamm des Weinbergs, im Schneesturm das blaue Spinnermännchen über den lehmigen Wasserlöchern des Bettlerpfades, im Apfelblütenfall das Geräusch der Dreschmaschine, die den Toten ihren gelben Erntestaub und ihr schweres Stampfen über die Gräber schickt. Was eine Dämmerung ist, kann man erlernen, wenn man ohne Gewehr sommerabends zwischen sieben und neun Uhr auf den zehn Meter hohen Hochsitzbänken hockt, wie da gegen acht Uhr auf der rosa, schwarz und grauen, mächtig geballten Wolke die Farben erlöschen und drunten die ersten Gehörne der Schmaltiere auftauchen, nichts als feine geschwungene Spitzen über dem hohen lilableichen Gras. Wie die Vogelstimmen, Eichelhäher, Schwarzamseln, allmählich zum Schweigen kommen, bis endlich hoch über der erloschenen Wiese der Bussard ohne Flügelschlag schwebt. Auch vom Wasser erfährt man merkwürdige Dinge, etwa daß ein Baum sich zur Nahrung an die sechshundert Liter aus der Erde zieht. Was für eine Arbeit für die nach außen so friedlich mit Windbewegung und Schattenwerfen beschäftigten Bäume, da pumpen sie und pumpen, und wenn einer eine flache Wurzel hat, helfen ihm die Hohlräume der Erde beim Saugen, und wenn man ihm hoch oben die Äste wegschneidet, sterben ihm tief drunten die Wurzeln ab. Der Weinstock wiederum ist ein kleiner Trinker. Obschon er unter Umständen eine Überfülle der saftigsten Trauben hervorbringt, genügt ihm doch, wie die Bauern sagen, an Wasser die Menge, die eine Ameise tragen kann. Erstaunliches hörte ich damals auch von den Jägern, als sie ihre Lockinstrumente aus den Taschen zogen: da gab es das Mäuseln, ein leises Fiepen zum Anlocken der Füchse, die Hasenklage, Nachahmung eines vom Fuchs schon gegriffenen jungen Hasen, dessen Wimmern andere Füchse herbeiziehen soll. Endlich das Blatten, diesen altjüngferlich zimperlichen Liebesruf der Schmaltiere und den ängstlichen eines verirrten Kitzes, das nach der Mutter schreit. Gegenüber all diesen zarten, der Überlistung ebenbürtiger Opfer dienenden Blasinstrumenten sind die modernen Fallen recht brutaler Natur. Es sind unterirdisch angebrachte Sprengkörper, die, von kleinen Tieren (Wühlmäusen!) zur Explosion gebracht, ihre Verheerungen anrichten, alles unter der Erde, aber recht laut, dumpf und unheimlich unter der abgelegenen Waldwiese, über die, als ich heimging, schon der Nebelmond stieg.

Schon Anfang Dezember also fuhr ich wieder, diesmal mit dem Zug, über die Alpen, wollte die Berge nicht sehen, auch nicht das gewisse von der Bahn spiralig umkreiste, dreimal erscheinende und neuerdings sogar angestrahlte Kirchlein, auch nicht den doppelten Wasserspiegel vom Damm über den See. Versetzt werden, entrückt werden, sich am Morgen die Nacht aus den Augen reiben, wenn die rosenroten kahlen Maremmen erscheinen. Reden, ja, Nachtgespräche, Traumgespräche, mit dem jungen Sonntagsmaler, der auch gleich einiges nach frischer Ölfarbe riechendes aus seinem Gepäck zieht, einen blaubleichen weichgesichtigen Christuskopf und die Apokalyptischen Reiter, Knochenmännchen, die durch Wolken, Blut und Feuer auf knochendürren Pferdchen hingaloppieren. Das Kolosseum auch, feurig rot, in einer riesigen nächtlichen Stadt- und Campagnalandschaft und, wie es sich herausstellte, nach einer Werbepostkarte der mit dem Anstrahlen nationaler Denkmäler beauftragten Elektrofirma Philips gemalt. In den Augen des jungen Mannes, eines Angestellten eben dieser Firma übrigens, echtes Künstlerglück, und wie zitterten seine Hände, die dann im Pappbecher tintenschwarzen Wein anboten, während die düster glühenden Bilder auf meinen Knien lagen. Auch der Begleiter des jungen Mannes kam zu Wort, ungern zuerst, der Jüngling, beinahe noch Knabe, der so menschenverächtlich und mürrisch auf seinem Zahnstocher kaute und in die Nacht hinausstarrte, die ihm meistens nur feuchte Schwärze, manchmal aber auch grelle, gleißende Lichter zu bieten hatte. Mit fünfzehn Jahren nach Südamerika ausgewandert, war er vor kurzem, erst neunzehnjährig, aber mit Milliarden von Lire in den Taschen, zurückgekehrt. Wieso das, fragte ich verwundert, aber ich erfuhr nur, das Geld sei ihm entgegengeflossen, er habe gar nicht gewußt wie. Auf die Gerüchte von seinem großen Reichtum hin war ihm in seinem Heimatdorf, einem armseligen kalten Bergort, ein großes üppiges Festmahl gerichtet worden. Er kam an und bat gleich nach der ersten Umarmung seine Mutter so laut, daß alle es hören konnten, um Geld, da alles, was er besitze, hundert Lire seien. Die Gesellschaft stob auseinander, alle schrien und schalten, das Festessen fand nicht statt. Der Junge reiste wieder ab, fuhr in die Schweiz, kaufte sich dort einen Mercedeswagen, lackschwarz, mit roten Ledersitzen, das neueste Modell. Dann ging er auf die Bank und wechselte so viel von seinem Geld, daß er das Innere des neuen Wagens mit dicken Paketen von Lirescheinen völlig ausstopfen konnte. Er fuhr nochmals durch halb Italien und in sein Dorf und machte dort mit dem Wagen ganz langsam mehrere Runden, so daß alle sein Geld sehen und mit den Händen danach greifen konnten. Er ließ sie greifen, beschenkte alle Verwandten und alle Armen und war noch immer so reich, daß er mehrere große Mietshäuser und drei Garagen kaufen konnte. Danach hatte er noch Geld anzulegen, der arme Märchenprinz, der mir da gegenübersaß, in Hemdsärmeln und mit Hosenträgern, den Zahnstocher im Mund, und der wahrscheinlich etwas ganz anderes suchte, nämlich Menschen, die ihn liebten, ohne nach seinem Reichtum zu schielen, diese glitzernde Krone, von der man doch gar nicht wußte, wie sie ihm zugefallen war, vielleicht durch Erpressung, vielleicht durch Raub und Mord. Weshalb er sich wohl auch zum Reisegefährten den Sonntagsmaler erwählt hat, dieses Wunder von einem Menschen, der liebte, was ihm nichts einbrachte, sein glühendes Kolosseum, seinen schwammigen Christuskopf, seine knochendürren Männchen, die hinsprengten durch ein Meer von Feuer und Blut.

In Rom und doch nicht in Rom, nämlich auf der ganz unrömischen Zypresseninsel an der ehemaligen Stadtgrenze, war ich schon einmal gewesen, und zwar in meiner toten Zeit, die so tot gar nicht gewesen sein kann, da sie recht frisch mit allerlei Bildern und Tönen das Heute durchdrang: der damalige heiße Mandelblüten- und Glyzinienmai den jetzigen schüchternen Winterfrühling, das damalige Verweilen das jetzige kurze Vorüber, währenddessen ich meinen Vortrag halten sollte. Tatsächlich scheint es wirklich tote Perioden im Leben eines Menschen kaum zu geben, wo man nichts zu bemerken, nichts zu empfinden glaubt, fallen doch Bilder auf die Netzhaut, wird die Membran des Trommelfells in Schwingungen versetzt. All das Hinabgesunkene, nicht wirklich Gesehene, nicht wirklich Gehörte kann unter Umständen wieder aufsteigen und eine dreiste Farbenpracht, einen vorlauten Lärm entwickeln. So war das Plattern, Spritzen und Fluten des Mairegens auf meiner von roten Fliesen bedeckten Terrasse nicht von heute, ebensowenig das Sommerglitzern in den Kronen der Steineichen oder das brünstige Eulenschwirren und Eulenrufen in der Nacht. Nicht von heute der im Treppenhaus hallende Schrei des Buben, der im Leinensack die schweren Strohflaschen heraufschleppt, auch nicht der Gang durch die morgendliche Allee zum Telefon. Nicht der Weg auf die Post (rechts das Haus, in dem ein vom Ehemann gedungener Mörder eine Frau gerade umgebracht hatte) oder der andere, vorbei an dem lustig bunten, mit kleinen Tanks bestückten Kinderkarussell, und wie man sich draußen am Platz begegnete und zuwinkte, alle diese Arbeiter im

Ton und im Wort, in der Farbe, im Stein, im Metall, die unwilligen Schüler der großen Vergangenheit, Verlorene, die das Lehrgeld der Einsamkeit zahlen, und erst wieviel später bekommen sie es vergütet in lauter goldenen Münzen, denen das Bild der Göttin Roma aufgeprägt ist. Die Göttin Roma war nicht mehr vorhanden (aber ich spreche ja nicht von damals, sondern von vor zwei Jahren, von weiß Gott vor wie vielen Jahren, tote Zeit). Rom stand nicht mehr fest, brauste und brandete, zuckte und knatterte, würde in die Luft fliegen, eine unwirtliche Kunstgeschichte, die sich nur mitternachts noch verwandelte in eine herrlich dunkelblaue Stadtlandschaft voller musikalischer Architekturen und schwarzer Pinienkronen im künstlichen Licht. Als Innozenz X. starb, sah ein junger Gärtner der Villa Pamphili einen riesigen feurigen Reiter durch den Himmel jagen, solche Gesichte waren in der Nachtlandschaft Rom noch möglich, während es am Tage einleuchtete, daß der Mensch nicht mehr das Maß aller Dinge und die Zeit der Gesichte (und der Tragödie) vorüber war. Ein Stück Rinde, ein Stein, eine ehemals rosa verputzte, aber abgeblätterte und von ein wenig hellgrünem Moos durchsetzte Gartenmauer gab mehr her als die große Umarmung der Kolonnaden von St. Peter, Ursprünglicheres, Ewigeres, vielleicht weil diese Dinge auch noch später da sind, das heißt, die großen Katastrophen überstehen. Alles Gedanken von früher, nicht von damals, auch nicht aus den längst vergangenen, deinen und meinen Jahren, in denen wir auf allen Hügeln Roms abwechselnd wohnten. Eulenschwirren und Eulengeschrei im Zypressengarten, Böcklins Toteninsel und ein zuckerweißes Medaillon Kaiser Wilhelms II. irgendwo versteckt. Mühsame Schritte auf hohen Absätzen durch den groben Kies, und vielleicht stimmen alle meine Berechnungen nicht, vielleicht habe ich schon in jenem Frühjahr angefangen zu leben und zu lernen, habe schon bei den Rossebändigern auf dem Quirinal meine Einsamkeit mit Löffeln gegessen und habe endlich, nicht, wie ich bisher glaubte, in einer Art von Dämmerzustand, sondern als ein trauriger, wacher Schüler, meine ersten Gedichte gemacht.

Graue, feuchte Dezembertage, an denen ich kaum ausging, jedenfalls mein Viertel nicht verließ. Vorbereitung auf meinen Vortragsabend und noch mehr Erinnerungen an früher, traumhaftes Umherwandern in den zur Zeit leerstehenden Ateliers, diesen übergroßen und überhohen Räumen mit ihren riesigen Rolltüren zum Herausschaffen tonnenschwerer Figuren und gigantischer Leinwände, aber solche gab es nicht mehr. Umherwandern und sehen, was da gehangen und gestanden hatte, im alten, vergangenen Jahr. Alles ganz deutlich zu erkennen, die große, ungeschlachte messingglänzende Maske mit den Quellaugen und dem schrägen hilflosen Mund und die Häuser wie nasse zerquetschte Schwertlilien, weißgelbe, aus dem Sumpf gezogen und im Begriff zu erstarren, Glasfluß noch in Bewegung, trübe und zäh. Deutlich zu erkennen die Frau, immer dieselbe, ohne Arme auf einem Holzstuhl (ohne Armlehnen) sitzend, von hauchfeinen Gazebinden umwickelt, eine Gefesselte, eine Verstümmelte, und unter den hauchfeinen Hüllen quellen die fetten Polster von Schultern und Brust. Mir ebenso deutlich sichtbar die auf einem Brettertisch ausgelegten Piniensamen, verholzt, mit kleinen Stegen in der Mitte, und daneben Frauengestalten mit kleinen Stegen in den hohlen, langgestreckten Leibern, und die Füße fehlen, als die Füße darankamen, war schon alles ausgedrückt und getan. Bildflächen auch, bedeckt mit Zersprungenem, Zersprengtem, kein Raum mehr, in dem etwas steht, wohl aber einer, in dem sich etwas abspielt, eben diese Sprengung, die den Stoff über die Ränder des Bildes schleudert, den glühenden Kern, der Beinernes, Hölzernes, Eisernes in eine flutende, unendliche Bewegung versetzt. Ein Christus ferner, der sich von den senkrechten und waagerechten Balken seines Kreuzes nicht mit ausgebreiteten

Armen und schmalem Leib abhebt, vielmehr treffen die Balken des Kreuzes sich nicht, Marterinstrument und Gemarterter verschmelzen, und in demselben furchtbaren Wirbel bewegen sich Kreuz und Gott. Gegensätze, gewiß, und schwer einzuordnen, besonders die so fest auf ihren dicken Gesäßen ruhenden Frauen, auch die Tausendmännchen des Zeichners, der eine kleine Fläche mit einer Unzahl von winzigen Menschen oder winzigen Bäumen bedecken und auf diese Weise die unheimlich flutende, nicht aufzuhaltende Bewegung großer Menschenmassen darstellen kann. Aber vorherrschend war doch eben diese Bewegung, nicht planen, sondern sich tragen lassen, treiben lassen, warten, daß etwas geschieht, einem unter den Händen, der Stoff bewegt sich, der Stoff trägt weiter, unter den Händen geschieht's. Das Explosive der damals entstandenen Bilder und Plastiken gab zu denken, gab mir zu denken, als ich von meiner Terrasse zu den dunklen und schweigenden Atelierhäusern hinüberblickte, während der Motorenlärm der Düsenflugzeuge die Stille zerriß. Und noch etwas anderes gab zu denken. Nämlich die Dinge, denen man ja – und nicht nur den früher als schön bezeichneten, sondern auch den Schuhen und Äpfeln – ihre Schönheit längst abgewonnen hatte, den Schuhen die faltige Schwärze, den Äpfeln die glatte Rundung, und die man als unbrauchbar weggeworfen hatte, und daß eben diese Dinge nun noch einmal zurückkehrten, daß sie, mythisch wie aus dem Urschlamm gezogen, zerfetzt von wirbelnder Bewegung oder gefesselt und verstümmelt, sich noch einmal zeigten – auf der Schwelle einer ganz neuen oder für immer zerstörten Welt.

Boccia haben wir auch diesmal gespielt, und zwar am Tag nach meinem Vortrag, der gut vorüberging, bei dem ich auch alle meine alten Freunde wiedersah, unsere Freunde, die zu meinem Erstaunen noch immer genau dasselbe Leben führten, auch dieselbe Geselligkeit pflegten (wissenschaftliche Vorträge, gefolgt von Erfrischungen) und sich in der für meinen Begriff so dämonisch verwandelten Stadt mit der größten Sicherheit und Ruhe bewegten. Tatsächlich wagte ich diesmal kaum, den von hohen Mauern umschlossenen Garten zu verlassen. Nicht nur die Straßen, sondern auch die Häuser schienen mir in eine heftig flutende Bewegung geraten zu sein und sich auf diese Weise jedem ruhigen Blick zu entziehen. Gebäude wie das Pantheon standen noch fest wie Klippen in der Brandung, aber schon erschüttert, schon abgenützt, man würde sich nicht wundern, sänken sie eines Tages lautlos in sich zusammen, allem Fremdenverkehr zum Hohn. Im Innern der Kirchen mochte noch gut sein, aber wem gelänge es noch, dort einzutreten, kaum daß er die gepolsterte Ledertür aufstößt, wird er an ihr oder sie an ihm schon vorübergeschleudert, mehr als ein dünner Kerzenglanz, ein Fetzen Orgelmusik bleiben nicht zurück. Daß man hier so unbekümmert lebenskräftig davon überzeugt war, allen Lärm und Bewegung selbst hervorzurufen, bestärkte nur meinen Eindruck eines funkelnden und glitzernden Getriebenwerdens, und wer weiß, wohin. Auf dem Bocciaplatz war ich von alldem weit fort. Der Laub- und Herbstgeruch, der uns, damals im Mai, so seltsam berührt hatte, bestand nun zu Recht, ebenso die dunkle Feuchtigkeit der festgestampften Erde, unter der die eingelassenen Zementstreifen sichtbar waren. Die hölzerne Einfassung der südlichen Schmalseite war inzwischen noch mehr verfault, so daß die Kugeln dort nicht abprallten, sondern mit einem schmatzenden Geräusch steckenblieben. Von den an Drähten hängenden elektrischen Birnen, die natürlich damals erst spätabends angezündet wurden, ging die mittlere beim Anschlagen der Kugeln an die Bande noch immer aus, man mußte dann die kleine Bank herbeischleppen, um von ihr aus hinauflangend die Glühbirne festzuschrauben, was besonders dann notwendig wurde, wenn eine der abgeblätterten, fast farblosen Kugeln aus der Bahn sprang und sich unter den Büschen verlor. Die Bahn war noch immer uneben, ihre Tücken führten auch jetzt noch dazu, daß die Kugeln die sonderbarsten Eigenbewegungen ausführten, unvorhergesehene kleine Bogen beschrieben, Zärtlichkeiten austauschten, einander aus dem Wege gingen. Erregend wieder war der rasche Wechsel zwischen den beiden gebräuchlichsten Spielarten, dem behutsamen Anlegen (mit leichtem Zurückziehen der Kugel im Augenblick des Wurfs) und dem raschen, gezielten Knallen, mit dem die feindlichen Kugeln auseinandergetrieben wurden, auch wie durch einen einzigen gut gezielten Wurf die Spiellage völlig verändert, das Spielfeld verlagert wurde. Jetzt in die Sonne der blühenden Wiese zu, jetzt in den tiefen Schatten der immergrünen Bäume, sanftes Rollen und eisenhartes Aneinanderschlagen, und die Kugeln, abgegriffen von vielen Generationen von jungen Leuten, Kugeln, die an den Winterabenden ihr eigenes Spiel spielen, und jung gewesene Leute, die, weit fort, vielleicht noch manchmal diese Geräusche vernehmen, diesen ewigen Herbstgeruch spüren.

Zu allen Wiedersehen mit meiner Tochter Costanza gehört es, daß sie gerade umzieht oder umgezogen ist oder umziehen will, was dann bedeutet, daß sie jeden frühen Morgen bei einem Espresso unter einem Judasbäumchen, einem Magnolienbäumchen, einem Oleander sitzt und viele Seiten des »Messaggero« überfliegt, mit dem Bleistift in der Hand. Die Anzeigen beginnen mit geheimnisvollen Buchstaben, AAAA oder CCCCCCC, was dann der Text verspricht, ist in Wirklichkeit nicht vorhanden, der Garten besteht aus einer Mimose (immerhin, einer Mimose!) vor den Fenstern einer Kellerwohnung, das mit drei Bädern ausgestattete Luxusquartier befindet sich in einem der neuen trostlosen Viertel, in denen die Straßen kahlen eisigen Schluchten gleichen und wo nicht einmal mehr für das Mimosenstämmchen Platz gelassen ist. Verlockendes gab es immer, einmal den Markt unter den Fenstern, eine Auslage von blutigem Fleisch und gelben und roten Früchten, Fischen und Gemüsen, fröhlichen Stimmenlärm und Sonne in der Frühe, und schon beim Aufstoßen des Ladens konnte man auf dieses und jenes deuten und mit den Händlerinnen lustige Zwiesprache führen. In der Althändlerstraße lockten die mittelalterliche Stiege und die Balkendecken, auch die Nähe schöner Paläste und der einzigen Piazza Navona, wo jeder Schritt und gar das sommerliche Sitzen eine Freude ist. In der Malergasse hing von der tiefschwarzen Holzdecke des Atelierraumes in einer Glaskugel ein mächtiges Ährengebilde, an der Wand ein süß lächelnder Christus, und schön war der Zugang, steile Treppen zwischen Gärtchen und Veranden unter dem offenen Himmel hin. Überall war es auf eine Weise bezaubernd und auf eine Weise entsetzlich, eine höllisch lärmende Motorenschmiede unter den Fenstern, Wirtinnen, welche die vermieteten Schränke heimlich mit ihrem fürchterlichen Altweiberkram vollstopften, Mitbewohner, die mit Messern aufeinander losgingen, eine Wahnsinnige, die im unabschließbaren Zimmer nachts vor dem Bett erscheint. Sobald das Engelsgesicht sich verdunkelt und der Pferdefuß pocht, macht meine Tochter keine Umstände, packt ihre Sachen, sitzt wieder beim Espresso unter dem Rotdorn oder der Magnolie oder dem Oleander, macht dicke Bleistiftstriche und begibt sich furchtlos in das Dickicht des römischen Wohnungsmarktes, hinter dem sich so viel Elend und so viel schlaues Spekulantentum verbirgt. Ich bewunderte ihre Jugend und ihren Mut. Bei mir genügte schon das Anschauen von drei oder vier traurigen Quartieren und ich wollte nirgends mehr wohnen, mich in Luft auflösen, nirgends zu Hause sein. Schon der Anblick gewisser Zimmer machte mir übel, wahrscheinlich weil sie mir die Geheimnisse ihrer früheren Bewohner mitteilten, die ich nicht erfahren wollte. Auch war ich geneigt, von jeder Wohnung das Schlechteste anzunehmen, also auch meiner Tochter von jeder abzuraten, wahrscheinlich in dem Wunsch, sie mitzunehmen und vor allen Gefahren wieder selbst zu schützen, was doch gar nicht mehr möglich und auch gar nicht mehr nötig war. Denn wo ich mit Sorge (auch bei anderen jungen Menschen) Unrast und Heimatlosigkeit sah, war längst etwas anderes wirksam geworden – ein Aufgehobensein in ebendieser Heimatlosigkeit, eine Freiheit, in immer neuen, keineswegs kugelsicheren Existenzen ein schwächeres Ich zu bewahren.

Noch ein Stück weiter nach Süden, was auch bedeutete, in die Vergangenheit, obwohl meine Reise diesmal einer Rücksprache mit einem Verleger galt, also Geschäften, nicht Besichtigungen und Studien in Museen wie in der früheren Zeit. Die Fahrt mit dem Wagen durch alle Arten von Wetter und Jahreszeiten und Landschaften, Felder und Reben, Sümpfe und Felsküsten und immergrüne Alleen, heiße Sonne, Hagel- und Föhnstürme, wie man es hier im Dezember erleben kann. Das ganz Alte und das ganz Neue durchdringen sich ebenfalls, auch in Neapel gab es funkelnd neue, luxuriöse Viertel, auf deren Marmorschwellen mit Lumpen zugedeckte Bettlerinnen übernachteten, während in den Hafen- und Schmugglergassen riesige blitzende Wagen standen. Die Innenstadt glich noch immer einem räudigen, von Schwären bedeckten, aber mit Glöckchen und Straußenfedern herrlich aufgezäumten Zirkuspferd, wieder war man im Begriff, allerorts das schwarze Lavapflaster aufzureißen, als wolle man auf offener Straße nach den lange verborgenen, endlich alle Armut stillenden Schätzen graben. Wieder schien kein Ding an der Stelle, an die es gehörte, während süßer Flitter und goldenes Licht die schwarzen Wunden der Hauseingänge verdeckten. Die Schuhputzersessel trugen noch immer Beschläge aus Goldblech, in Löwenpranken endeten die Armlehnen, ein goldener Ritter stand unter dem mit rotem Samt verkleideten Sitz. Überall wurde etwas feilgeboten, Teig in heißem Öl gebacken, von blutroten Melonenschnitzen der Fliegenschleier gezogen, und schöne wachsbleiche Kinder mit feurigen Ausschlägen streckten die Hände nach gesponnenen Zuckerwolken aus. Überall wurde auch gespielt, wurden kleine bunte Loszettel von zahmen Vögeln gezogen und vor erleuchteten Zahlentafeln gewartet, bis die magische Dreizehn erschien. Über braunen Kokosnüssen und grünen Zitronen erglühte der Vesuv in roter Abendlandschaft, von einem Bogen künstlicher Blüten überwölbt. In hängenden Glaskugeln bewegten sich kleine, breitmäulige Fische, Seidenpapierstreifen in grün und grellrosa Büscheln rauschten vom Meerwind bewegt. Zwerge und Mißgeburten, halbe Arme und halbe Beine, und was war es, das dich hier glücklich machte, in diesem glitzernden Totenreich, in dem ich nichts als Abscheu und Furcht empfand. Was ist es und wer bist du, daß wir uns früher hier niemals einig werden konnten, der eine zum Abreisen, der andere zum Bleiben drängte, und daß wir uns jetzt hier begegneten, in dieser bewegten Nußschale, die den Tod, aber auch ein unheimlich pochendes und glühendes Leben birgt. Markt und Spiel, Liebe und unheilbare Krankheit und die blauen Abendstunden beim Castel St. Elmo, Fischessen und süß-fauliger Muschelgeruch, da kommt es zur Ruhe, da kam es zur Ruhe auch an diesem Abend, als die kleinen Hafenwellen an die hier verankerten Segelboote schlugen. Da hob es sich auf, meine Traurigkeit und die glühende Traurigkeit der Stadt, in der ich zum erstenmal etwas von deinem Entzücken spürte, in der ich zum erstenmal mit dir zu Hause war.

Vor der Heimfahrt noch kurz in C., wo ich im vorhergegangenen Jahr eine Woche zugebracht hatte. Vergleiche zwischen meinem damaligen und meinem heutigen Verhältnis zur Natur, die mir in dem Maße ferner rückte, in dem ich klarer sah, deutlicher hörte und, was allerdings noch keineswegs immer gelang, Zusammenhänge zu erkennen versuchte. Das unmenschliche Element Meer stieß mich ab, während ich es damals als ein mir gemäßes annahm, bereit, mich an seine Endlosigkeit zu verlieren, in seiner Zeitlosigkeit verlorenzugehen. Damals allerdings war Frühling gewesen, freilich noch keine Saison, der Strand, an den Sonntagen belebt, hatte die ganze Woche lang dem Wasser und den wechselnden Winden gehört, auch dem Licht, das sich im feuchten Überzug des Sandes spiegelte und seine Regenbogenspiele trieb. Im Hotel war ich der einzige Gast gewesen, in der Schlucht der einzige Spaziergänger, im Wasser die einzige Schwimmerin. Wenn ich am Strand für ein paar manchmal über die Klippen herabspringende Kinder aus zersplittertem Schilfrohr, Palmenschößlingen, kreideweißen Sepiaschalen und blauen Muscheln phantastische Flußlandschaften geformt hatte, sah ich sie am nächsten Morgen mit Genugtuung verschlammt und verkrustet, mit geknickten Bäumen und fortgespülten Brücken, ein Stück Afrika, über das eine Naturkatastrophe hinweggegangen ist. Die Schlucht, die ich durchstreift hatte, war zwar gelegentlich auch belebt gewesen, und zwar von ganzen Horden von Filmstatisten, die auf den grauen vom Schwefelwasser uringelb und zartblau verfärbten Sandsteinklippen herumsprangen und Frühstückstüten, Bananenschalen und Pappbecher hinterließen. Meist aber hatte im Buschwald, wo das Geräusch der Brandung nicht hindrang, die feierlichste Stille geherrscht, Zistrosen und Ginster, Wolfsmilch und rosarotes Geißblatt standen in Blüte, und zwischen hohen Farnen verloren sich die engen Sumpfpfade in solche Einsamkeit, daß die verhältnismäßig kleine und nur eben für Filmaufnahmen ausgesparte Schlucht ohne Anfang und Ende schien. Ins Hotel kamen am Abend, wenn auf der grauweißen Fläche des Fernsehapparates die von Sonnenstrahlen getroffenen und von Regenschauern überschütteten Karten erschienen, ein paar schweigende Besucher, ein großer schwerer Mann mit nackter, schwarz behaarter Brust, auf der an einem Goldkettchen ein Goldhörnchen tanzte, eine uralte Frau, die stöhnte und sterben wollte, auch oft während der nachfolgenden Filmvorführung mit halbem Leib auf den Tisch sank und mit kleinem, erlöschendem Atem schlief. Nachts hörte ich die Brandung und das Gebell vieler Hunde, die über große Entfernungen eine leidenschaftliche Zwiesprache führten. Am frühesten Morgen weckten mich die wild knatternden Schüsse von Jägern, die, in den Dünen versteckt, darauf warteten, die übers Meer kommenden Zugvögel zu erlegen. Das alles gefiel mir damals sehr gut, ich hatte keine Rolle in dem Spiel, war niemand, nur ein paar Hände, die aus dem seifigen Lehm kleine Figuren kneteten und sie in die Büsche warfen, ein Mund, der für niemanden Worte und Küsse formte, ein Schritt, der in der Mittagshitze über den kleinen öden von Tamarisken umgebenen Platz ging, während aus den Fenstern der wenigen schon bewohnten Sommerhäuser die Lautsprecher brüllten. Ein Niemand, ein Nichts, das war, wie gesagt, damals, aber jetzt war es anders, die leere Puppe, die, von den Wellen überspritzt und vom Wind geschüttelt, im Geißblatt hing, hatte sich mit einem neuen, fragwürdigen Leben, aber immerhin mit Leben erfüllt. Noch immer atmete ich die Salzluft mit Entzücken ein. Aber das winterliche Element, in dem einzugehen und aufzugehen ich mir noch ein Jahr zuvor gewünscht hatte, rief in mir nur Schrecken und Abwehr hervor.

Am 14. Dezember wieder nach Hause, gleichfalls mit dem Zug, aber diesmal im Schlafwagen, das zweite Bett blieb frei, also keine Nachtgespräche, keine Erfahrungen, nur Gedanken an Costanza und wie sie dir gleicht in ihrer Großmut, auch in ihrer Leidensfähigkeit, von der nichts nach außen dringt. Zu Hause war nun wirklich Winter, allerdings ohne Schnee und Eis. In den Drogerien erschienen die ersten dünnschaligen Silberkugeln und stachligen Glitzerketten. Auch wurde, wie ich hörte, bereits fieberhaft eingekauft, Silber, Kristall, Porzellan, Pelze, alles Überflüssige, da man das Notwendige bereits besaß. Offensichtlich stand ein Rekordweihnachten vor der Tür. Von der drohenden Gefahr wurde wenig gesprochen, doch konnte man die billige Devise »Laßt uns essen und trinken, denn morgen sind wir tot« in mancherlei Abwandlungen hören – es wurden gelegentlich auch makabre Witze wie etwa der Trinkspruch »Auf unsere blinden Enkel!« gemacht. Der Wunsch, trotz allem zu überleben, machte sich auch nach außen hin bemerkbar. Ich hatte auf meiner Reise in den abgelegensten Gebirgstälern ganze Kolonien von aufwendigen, aber leerstehenden und offensichtlich zu Fluchtburgen bestimmten Häusern gesehen. Ähnliche, natürlich nur von wenigen erwerbbare Besitzungen soll es in Spanien, in Irland und in gewissen Teilen der Vereinigten Staaten geben – das Flugzeug, das die noch hier verweilenden Eigentümer im rechten Augenblick der tödlichen Verseuchung entrückt, stand schon im Schuppen bereit. Unter dem Eindruck dieser Nachrichten habe ich damals einige Szenen geschrieben, aus denen vielleicht einmal ein Theaterstück oder ein Hörspiel werden könnte und die sich mit einem von mir »Saphir« genannten Projekt befaßten. Es handelte sich bei diesem Projekt um eine Art von Arche, einen weiträumigen kapselartigen Schutzraum, der vollkommen strahlensicher ist und in dem das Wichtigste, das zum Überleben Wichtigste, geborgen werden kann. Die Frage, was und wer des Überdauerns wert ist, spielte in dem flüchtig entworfenen, aber nicht ausgeführten Stück eine bedeutende Rolle. Das Unternehmen, das neben dem klangvollen Namen Saphir auch den schlichteren Arbeitstitel »Schutzraum« führt, ist streng geheim, ein aus schwarzen Fonds unterhaltenes Ministerium nimmt sich seiner an. In dem Schutzraum sollen neben den sogenannten heiligsten Gütern der Menschheit, also (in Mikrofilmen) den Erzeugnissen der Kunst, der Wissenschaft und der Literatur, auch die mathematischen, physikalischen und chemischen Formeln, auf denen die naturwissenschaftlichen Entdeckungen der Neuzeit gegründet sind, ferner alle Arten von Sämereien, Medizinen usw., untergebracht werden. Während nach langen Diskussionen auf die Mitnahme von Tieren verzichtet wird, soll genau wie bei der alten Arche ein junges gesundes Paar die todsichere Wohnung beziehen – nur daß dieses Paar nicht, wie damals, von Gott bestimmt, sondern von einem Komitee ausgewählt wird, was zu mancherlei Verwicklungen Anlaß gibt. Es sind nämlich über das geheime Vorhaben doch Gerüchte in die Öffentlichkeit gedrungen, überstürzt werden Ehen geschlossen, und wohlhabende Väter bieten unter Aufwendung beträchtlicher Bestechungssummen ihre erwachsenen Kinder an. Schließlich läßt man, gerechterweise alle Rassen und Stände in Betracht ziehend, über eine Reihe von Paaren das Los entscheiden. Die Behausung (übrigens wie die alte Arche eine Art von schwimmender Insel) ist fertig, die heiligsten Güter sind hineingeschafft, auch die aus Tabletten und Tropfen bestehende Nahrung, die den Insassen über die ersten Jahre oder Jahrzehnte hinweghelfen soll. Natürlich müssen, bevor das letzte Wort gesprochen ist, die jungen Leute noch belehrt, das heißt, in den verschiedensten Fächern – Entbindungschirurgie, Bedienung von elektronischen Apparaten, erste Vorsichtsmaßnahmen beim Betreten der entvölkerten Erde – unterrichtet werden. Den Grundprinzipien der Auswahl entsprechend sind die endlich Bestimmten intelligent, gesund und schön – wozu eigentlich, aber man hält eben an voratomaren Vorstellungen fest. Sie bestehen alle Prüfungen, und man gibt ihnen schließlich ein Fest, bei dem aus Rührung über die Urväter der Zukunft manche Träne fließt. Zwischen Büscheln goldgelber Kinderkopfchrysanthemen und bei den Klängen einer Musik, die zwischen Grabesernst und Siegesjubel geschickt die Mitte hält, wird den jungen Leuten eröffnet, daß, wenn das sehr kostspielige Unternehmen überhaupt einen Sinn haben soll, sie sich nicht erst an einem leicht zu verpassenden Tage X, sondern sofort an ihren Bestimmungsort zu begeben haben. Man erwartet einen leisen Protest, warum so schnell, so gefährlich ist es doch noch nicht, wir wollen vor all diesen Tabletten noch einmal Beefsteak essen, für morgen war ein Ausflug mit den Freunden an den Rhein (die Loire, die Donau) geplant. Danach Einlenken, Abschied, großer Bahnhof und Aufbruch in Begleitung weniger Eingeweihter – der Aufenthaltsort der Arche ist noch immer geheim. Doch kommt es zu alldem nicht. Die gelehrigen jungen Leute waren allzu gelehrig, sie haben vielleicht auch zu viel Phantasie, der Gedanke an das Eingesperrtwerden ist ihnen ebenso entsetzlich wie der an das Herauskommen, die ersten Schritte in eine zerstörte, verpestete Welt. Sie tauschen nur einen Blick – im Hörspiel einige geflüsterte Worte – und benützen dann das durch allgemeinen Aufbruch entstehende Gedränge, um zu entfliehen. Mit diesem Blick oder mit der Bestürzung der Zurückbleibenden sollte das Stück jedoch nicht zu Ende gehen. Der Hörer oder Zuschauer mußte wissen, daß die Urväter der Zukunft, die Kinder unserer alten Erde, für die eine Großfahndung sogleich angesetzt wird und die man notfalls mit Gewalt in die Arche gebracht hätte, zu ihrer Flucht weder die Schweizer Berge noch die Küsten von Spanien oder Irland wählen. Sie tauchen vielmehr unter, geben ihre Identität (Herr X., Frau X., geborene Y.) preis und versuchen durch zähe Überredung möglichst viele Menschen für die Vernunft, für die Liebe und für das Leben zu gewinnen. Mit diesem Entschluß rufen sie vermutlich bei den Zuhörern oder Zuschauern ein mitleidiges Lächeln hervor. Trotzdem sollte das Stück, falls ich es überhaupt schreiben würde, nicht anders zu Ende gehen.

Das Heimkommen in meine Wohnung bedeutete mir dieses Mal nicht, was es mir immer bedeutet hatte, Glück, Geborgenheit, Heimkommen zu dir. Wahrscheinlich lag es daran, daß ich wieder nicht bleiben durfte, vielmehr noch einige kleine Reisen und am Ende die große Reise machen mußte, an die zu denken mich noch immer erschreckte. Außerdem war ich nicht mehr so sicher, daß ich mich auch wirklich hier und nur hier in deiner Nähe befand. Begegnungen, wie etwa in Neapel, konnten überall stattfinden, vielleicht sogar in dem uns beiden völlig fremden Land. Inzwischen, das heißt, bevor ich diese letzten Reisen angetreten hatte, war ich unruhig, ging oft aus, wenn auch nur in den sogenannten Palmengarten, wo ich versuchte, mir die nicht mehr vorhandenen Blätter vorzustellen, die langen, schmalen eichenunähnlichen der Traubeneiche, die hellen, gebündelten am Schirmdach des Zürgelbaums. Vergeblich, der Sommer war in Gedanken nicht aufzubauen, und die alten Bäume boten nur ihr schönes Skelett, ihre glatte oder wildzerrissene Rinde dar. Obwohl ich zu meinen Freunden im Laufe der letzten Monate ein anderes Verhältnis gewonnen hatte, nicht mehr nur ein Körper war, der ißt, raucht, sogar redet, während etwas anderes sich längst davongemacht hat und über die Dächer spaziert – obwohl ich also jetzt an ihrer Existenz einen herzlichen Anteil nahm, sann ich doch auf Flucht, eine radikalere, die den Körper mitnimmt, die Wurzeln aus dem Boden zieht. Damit war ein freiwilliger Tod keineswegs gemeint. Es hat viele Menschen gegeben, die sich, wie der Zar Alexander III., schon bald nach ihrer willkürlich angenommenen Lebenshälfte freiwillig unauffindbar entfernt haben, und gerade dem Lyriker, der nach einem Ausspruch von Wallace Stevens in seiner Jugend ein Gott, in seinem Alter aber ein Landstreicher ist, stünde ein solches Fortgehen gut an. In ein Kloster einzutreten oder sich, wie die Inder, mit der Bettelschale unter einen Baum zu setzen, ist nicht nötig, wenn auch die Bettelhaftigkeit, das heißt, die vollkommene Demut zu einem solchen Vorhaben wie das Amen zum Vaterunser gehört. Eine in der Leopoldstadt, dem traurigsten Wiener Bezirk, wohnende Bekannte hatte diese Art von freiwilliger Verwilderung geübt, eine Selbsterniedrigung ohnegleichen, Abtötung der eigenen Intelligenz und des eigenen Schönheitssinnes, Schlafen in

Kleidern, nichts anderes essen als Brotreste aus der Schublade, die Bücher verschenken, mit niemandem verkehren, Gespräche nur noch mit den gefürchteten Hausbewohnern und nur über Krankheit, Bosheit und Tod. Eine nach der Schilderung ihrer Altersgenossen ehemals unbeschreiblich schöne und anmutige, auch eine hochbegabte Frau, die, alt geworden, über ihr Licht mehr als einen Scheffel türmte, sich dumm stellte, häßlich stellte und sich auf diese Weise selbst sterben machte, immer mit dem Blick auf den trostlos häßlichen, halb verfallenen Flakturm im Augarten, aus dem doch auch die fröhlichen Gartenschreie der dort lebenden Sängerknaben herauftönten und der sich im Frühling mit dem zartesten Schleier des jungen Grüns überzog. An diese Wiener Bekannte habe ich in jenen letzten Novembertagen oft mit einem gewissen Neid gedacht. Sein Bestes (aber wem eigentlich) zum Opfer zu bringen, das lange Hochgehaltene sinken zu lassen, mochte eine Befreiung sein. Ein Schuß Oblomowerei mochte hinzukommen, die Verwilderung, auch die geistige, ist bequem. Trotzdem wäre ich zu einer solchen Herabwürdigung wahrscheinlich nicht imstande gewesen. Ich mußte leben, mußte mich oder mindestens meinen Stil zu vervollkommnen suchen. Trotz aller Fluchtgelüste würde mich nichts daran hindern, erst recht nicht die offenbar erwiesene Tatsache, daß Mehlwürmer alle Atomstrahlen überstehen.

Nach so vielem ziellosen Herumirren am Tage blieb ich jetzt abends oft zu Hause, arbeitete, hörte spät in der Nacht den Rundfunk, wobei ich mir, die rote Nadel über alle Wellenlängen gleiten lassend, Aufführungen von neuer Musik suchte. Die Kompositionen, die ich mir auf diese Weise aus dem Äther heranholte, waren fremdartig und erregend, vielleicht gerade dadurch, daß sie eines geplanten und durchgeführten Gefühls- oder Erlebnisinhaltes völlig entbehrten. Die Töne, selten anhaltend geblasen oder gestrichen, vielmehr nur kurz angeschlagen oder gezupft, standen ohne Verbindung nebeneinander, die ehemals vorhandene Melodie war zerfallen, aber noch erkennbar, so wie die Quecksilbersäule eines beschädigten Thermometers noch immer, aber in einzelnen kurzen Stücken, hinter der Skala erscheint. Die neuerdings verwendeten Instrumente, Batterien von Trommeln und metallenen Schlagflächen, Gongs, Celesten, Rasselkugeln, Metallstäbe (sogenannte Glocken), vermittelten den Eindruck des Unzusammenhanges, auch der Öde und Leere, zartestes Tonmosaik und Riesenkrach von schmetterndem Blech und dumpf dröhnendem Kalbfell, also Schocks, die übrigens durch die leisen bruchstückhaften Klänge und die sprechenden Pausen nicht weniger als durch die heftigen Detonationen hervorgerufen wurden. Dem des Hörens Ungewohnten frißt auch bei öffentlichen, also weniger geisterhaften Konzerten diese Musik an der Nervensubstanz, er rettet sich darein, die ernsthaft ihre Rasselkugeln schwingenden, ihre Kettenkränze schüttelnden und ihre blitzenden küchengerätähnlichen Schlagzeugbatterien bedienenden Männer lustig zu finden, während er über eine leise Angst, manchmal über ein nacktes Grauen nicht Herr werden kann. Von den solchen Kompositionen zugrunde liegenden Serien wußte ich nichts, während die Rolle, die der Zufall bei dem Ganzen spielte, mir manchmal demonstriert wurde, etwa wenn vier Herren, um einen weitgeöffneten Flügel herumstehend, Karten spielten und ihre bekennenden oder stechenden Blätter auf die Saiten fallen ließen, was dann bald im Diskant, bald im Baß klirrende und scheppernde Akkorde ergab. Eine mit östlichen Zeremonien eingeleitete Vorführung, die aus nichts anderem als aus etwa dreißig in gleichen Zeitabständen und im selben Tonklang hervorgebrachten überlauten Gongschlägen bestand, rief durch die Terrorisierung des Bewußtseins in mir ebenfalls Angst hervor, auch wenn sich diese in einem nervösen Gelächter Luft machte. Ich folgte trotzdem, wollte trotzdem wieder hören, wollte heraushören, ob nicht auch diese Musik in ihrer

Unmenschlichkeit gerade wieder eine (unsere) menschliche Situation, Terror, Kälte, Bruchstückhaftigkeit, zum Ausdruck bringt.

Es muß in jenem Winter auch Vortragsabende gegeben haben, die in meinem Kalender nicht stehen, die ich aber auch nicht geträumt haben kann. Sturmabend, Widersacherabend, Fieberabend, so etwas erfindet man nicht. Es ist aber ein Fehler, sich die Namen der Städte nicht aufzuschreiben, in denen man abends ankommt, um sie am nächsten Morgen schon wieder zu verlassen; wo war die Kirchenruine, wo hörte ich nachts die Schüsse, wo war die Brücke über den Regenfluß, spiegelndes Pflaster steilauf, steilab. Es ist immer schon dunkel, Hotelzimmer, zurechtmachen, hübsches Zimmer, aber zu heiß, hübscher Blumenstrauß auf dem Nachttisch, aber zu enge Vase, Erstickzimmer, Erstickvase, ich riß das Fenster auf, da kam der Windstoß, der Sturmstoß, die Vase rollte auf den Fußboden und zerbrach. Die Blumen trug ich hinüber zum Waschbecken, nahm jede einzeln in die Hand, Zwergtulpen mit feinen Spitzen, Anemonen mit Halskrausen, weiße Narzissen mit einem Blutfädchen um den Kelch. Auf der Fahrt zum Vortragssaal entwurzelte, über die Straße gestürzte Bäume, feuchtschwarze, windgepeitschte Büsche, ein aufwärts gestülpter, einer schwarzen Seerose gleichender Regenschirm in zuckender Hand. Ich stand auf dem Podium, las, diesmal völlig bei der Sache, meinen Text, meine Beispiele, hörte aber in der Nacht noch die Fenster klappern und die Luft stöhnen; als ich am nächsten Morgen weiterfuhr, war die Stadt von Regenschleiern verhüllt. Ich hatte am Abend nach meinem Vortrag noch mit drei Menschen gesprochen, drei Lebensalter, drei Schicksale, und wußte von ihnen doch so wenig wie von der kleinen Stadt, in der nun für mich ein ewiger nasser Sturm wehte und die von drei Menschen bewohnt wird, einer Greisin, einem Mann und einem

Knaben, dazu einem spanischen Hausdiener und drei Stubenmädchen, und in der für immer ein lieblicher im Treibhaus gezüchteter Frühlingsstrauß in einer Wasserlache schwimmt. Diese verzerrten Bilder gehören zu den Vortragsreisen wie die gelegentlich auftretenden Schatten der eigenen Vergangenheit, wie die Frager, die auch Antwort bekommen, aber ihre Fragen haben einen doppelten Boden, Fallensteller sind es, Leimrutenleger, eine Blöße soll da aufgedeckt werden und wird aufgedeckt, wer hätte nicht seine Zweideutigkeiten, seine Fraglichkeiten, wem wäre nicht nachzuweisen, daß er nicht lebt, was er sagt, nicht sagt, was er schreibt, und der gute Wille kann sein Alibi nicht sein. Ich habe von dem Sturmabend gesprochen, jetzt spreche ich von dem Widersacherabend – was soll das heißen, wie haben Sie das gemeint, da begann, in einer Bahnhofswirtschaft, ein Festnageln, spitze Nägel mit breiten Köpfen, und immer ist etwas Wahres daran und immer auch etwas Falsches, eine Voreingenommenheit, ein Haß. Wir sehen schon, Sie halten es mit den Roten, Sie halten es mit den Schwarzen, mit den Vaterlandsfeinden, wohinter doch gar nichts steckt als mein kindisches und verbocktes Streben nach Gerechtigkeit, mit dem man noch heute viele bissige Hunde hinter dem Ofen hervorlocken kann. Das ist einmal eine Frau mit einem Journalistenblöckchen und ein anderes Mal ein alter Mann mit einem Hörrohr, ein drittes Mal ein halbes Kind mit eingelernten Parolen und ein viertes Mal ein kranker verbitterter Soldat. Es kommt vor, kam auch in jener Wanderzeit vor, daß ich diese Widersacher zu gewinnen suchte mit unbeholfenen Worten und flehenden Blicken und daß ich sie überzeugte oder wenigstens zum Schweigen brachte. Es kam aber auch vor, daß ich kein Wort sagen konnte, nur dumm und traurig dastand und mich damit erst recht der Unentschiedenheit, der Charakterlosigkeit verdächtig machte. Solchen quälenden Begebenheiten zur Seite gestellt, mag meine Erinnerung an den Fieberabend bedeutungslos und unwichtig erscheinen. Man fühlt sich bei

Vortragsreisen sehr oft nicht wohl, schon das Nicht-Verweilen-Können beunruhigt, das Sich-zur-Schau-Stellen verwirrt. An diesem Abend war alles noch anders, da mir meine Stimme nicht gehorchte, ich bald flüsterte, bald schrie, auch den Text veränderte, mich nicht mehr zurechtfand und schweigend ins Publikum starrte, das sich selbst wie trunken vor meinen Blicken hin und her bewegte. Meine erkältete Stimme gab meinen Worten ein rauhes Pathos, mein Husten setzte unvermutete Akzente. Endlich, als meine Zunge, trocken, aufgeschwollen, kein Wort mehr durchließ, krächzte ich meine Bitte um ein Glas Wasser, o Wunder, man verstand mich, gleich drei, vier Leute sprangen auf und verließen durch verschiedene Türen den Saal. Ich wartete, sah mit verschleierten Augen auf meine Zuhörer, die auch warteten und sich mit teilnehmendem Husten und Naseputzen die Zeit vertrieben. Endlich machte ich die Augen zu, und nun sah ich die freundlichen Wasserholer die dunkle Stadt durcheilen, an Türen pochen, an Hähnen drehen, es gab keine Gläser und gab kein Wasser, aus den Hähnen drang nur ein heiseres Fauchen, aus den Brunnenröhren floß kein Tropfen, der Fluß, mit etwas schleimiger Vegetation, ein paar alten Schuhen und den Resten einer zwischen den Steinen festgeklemmten Wasserleiche, stand leer. Augen zu, Augen auf, der Mittelgang zwischen den Stuhlreihen war eine Asphaltstraße, auf der in der Ferne Pfützen erschienen und wieder verschwanden, Fata Morgana wie auf der Via Cristoforo Colombo, wie auf so vielen Straßen, auf denen ich gefahren bin. Endlich las ich doch weiter, schob mein Rad mit der Zunge den Berg hinauf, keuchend, mit Schweiß auf der Stirn. Als ich fertig war und aufschaute, standen vier bis zum Rand mit klarem Wasser gefüllte Gläser vor mir auf dem Pult.

Dieser Winter hatte etwas Geheimnisvolles durch seine Lichtlosigkeit, er war, mehr als jeder andere, die Höhlentiefe des

Jahres, eine Tiefe, in der sich Schätze verbergen, aber auch die Furcht, es könne, aller Erfahrung zum Trotz, nie wieder recht hell werden, eine Furcht, gegen die ich einmal immun gewesen war, aber wogegen war ich jetzt noch immun, gegen keine Anfechtung der Welt. Höhlen hatten mich immer angezogen, selbst Kellerwohnungen haben für mich etwas Verlockendes, etwas von Abgeschiedenheit und Schutz. Die Kinder von Hameln, von denen es neuerdings heißt, daß ihr Rattenfänger ein Kriegswerber war und daß sie wie Fremdenlegionäre zum Waffendienst verführt wurden, waren doch der Sage nach in den Berg gezogen, der sich dann hinter ihnen schloß, aber gewiß nicht, ehe sie in seiner Tiefe Wunderbares glühen und glitzern sahen. Das Öffnen der Weihnachtstür vermittelt den Kindern noch immer etwas wie den Glanz der Eleusinischen Mysterien, strahlende Helle nach tiefster Dunkelheit, eine jähe Umstimmung, die erschüttert und beglückt. Auch die Urzeit enthüllte ihre Geheimnisse in der Höhlentiefe. Die Söhne des Grafen Begouin, die auf dem Besitztum ihres Vaters in Südfrankreich ein Höhlentor und einen tiefen, reißenden Fluß durchschwammen, ohne zu wissen, wohin sie kommen würden, fanden in einer tief im Innern des Berges gelegenen Höhle das plastische Abbild einer Bisonkuh, die ein Stier besprang, und versteinerte Fußspuren vieler Menschen, die um den Paarungsakt ihre ekstatischen Tänze und Beschwörungsriten aufgeführt hatten. Neues Leben für die Herde – und für die Kinder, die da, erschöpft und pudelnaß, erkannten, was gewiß jeder Erwachsene übersehen hätte, eine Aufklärung von besonderer Art. Im Berg, im Innern der Erde, waren auch die Höhlenhocker zu Hause, das Schicksal, das nicht sterben wollte, ehe es sich nicht noch einmal erfüllte, Friedrich I. und Friedrich II. von Hohenstaufen, und in den Berg, einen feuerspeienden, unruhigen, wurde auch der poetische Philosoph Empedokles entrückt. In der Finsternis des Erdinnern war von jeher das Reich der Toten, wie handgreiflich die Christen vergangener Zeiten sich eine Auferstehung aus diesen unterirdischen Bezirken vorstellten, erfuhr ich in jenem Winter, wie ich ja alles früher schon Erlebte noch einmal erfahren mußte: Es war bei einer Aufführung der h-Moll-Messe, wo der Auferstehungsteil des Credo das Aufbrechen gewaltiger finsterer Massen ausdrückt, resurrexit, und die Erde birst, etwas, jemand wird zum Himmel geschleudert, die Steine fliegen einem um den Kopf. Da war der Gegensatz zwischen Grabesdunkel und blendendem Licht wieder deutlich gemacht, auch das Winterdunkel hatte seine Schrecken, wer kehrt denn wirklich wieder, wem ist die Auferstehung gewiß? In der Panik der Finsternis geschieht zu allen Zeiten viel Unberechenbares, wer sich selbst nicht mehr sehen kann, benimmt sich, als wär er's nicht, die Finsternis wohnt in ihm und springt aus ihm heraus. Ich ging einmal während eines Fliegerangriffs auf den Speicher, um die sogenannten Christbäume (von den Angreifern abgeworfene Erkundungslichter) über der Stadt zu sehen. Von diesen todbringenden, aber entzückend anzusehenden Erscheinungen, wie auch von den eifrig herumsuchenden Scheinwerfern ging viel Licht aus, das durch die Luken in den dunklen Speicherraum fiel. Plötzlich dann nichts mehr, alle Christbäume hinabgesunken, die Scheinwerfer ausgelöscht, während das Abwehrfeuer begann und die ersten Bomben fielen. Natürlich wollte ich jetzt in den Keller, aber ich fand den Weg zur Bodentreppe nicht, fand überhaupt nichts mehr, stürzte über Gegenstände, die nie dagewesen waren, stieß an Wände, die es nie gegeben hatte, kroch schließlich auf allen vieren, tastete jede Spanne des staubbedeckten Bodens ab, ohne den Treppenschacht zu finden. Weil die Welt keine erkennbare Gestalt mehr hatte, hatte ich selbst keine mehr, war weniger als ein Schatten, weil nichts mehr einen Schatten warf. Ich kann mich keines größeren Schreckens erinnern.

Jemand hat mir von Brasilien gesprochen, mir auch ein Buch mit vielen in diesem übrigens riesigen Land gemachten Aufnahmen geschenkt. Ein Ortsname fiel mir auf, Salvador – Rettung, Ziel meiner Reise; wie kindisch, was könnte eine persönliche Rettung dem bedeuten, der für sich selbst nichts mehr will. Rettung zudem wovor und woraus, ich wußte ja, was meine Not war, diese schmerzhafte Spannung zwischen Todessehnsucht und Lebenswillen, die übrigens gewiß ein allgemeines Übel ist und die so leicht niemand aufheben kann. Eine große Reise ins Unbekannte gleicht freilich nur zu sehr der größten, letzten, von der man sich ja auch ein Wunder erwartet, eine Gnade, die nicht von dieser Welt ist und die ich mir zu verdienen keine Anstalten machte. Das griechisch-tragische Lebens- und Todesgefühl, das von Lesern meiner Gedichte mir einmal nachgesagt wurde, besaß ich gar nicht, vielmehr ein durchaus christliches, nur keinen Glauben an den Schatz der guten Werke, an die Möglichkeit, sich den Himmel zu verdienen. Immerhin war noch jemand da, mit dem ich, wie die Maus mit der Schlange, wie der Apfel mit dem Messer, Streitgespräche führte, die alten Fragen, warum tust du das, warum läßt du das zu, auch jemand, an den ich störrische Stoßgebete richtete. Denen, die vor den Kirchentüren stehenbleiben, fühlte ich mich mehr verbunden als denen, deren Namensschildchen an den Bänken befestigt sind, es gibt auch eine Treue zu solchen, die nie ankommen, den verlorenen Schafen mit ihren trotzig hämmernden Hufen, ihrem aufsässigen ratlosen Blick. Trotzdem hatte ich, wenn ich nachts das Licht ausmachte, jetzt oft die Vorstellung, im Schlafe schon aufgenommen zu werden in eine übersinnliche Welt, genauer gesagt, in ein großes schweigendes Haus, in dem »die Herren« den Ton, und den eines überirdischen Friedens, bestimmten. Diese Herren, deren Gegenwart ich nur spürte, ohne sie je zu Gesicht zu bekommen, waren der Vater und du, also Gott und der Geliebte, der durch das Mysterium seines Leidens in dem rätselhaften Hause mehr als nur ein Wohnrecht genießt. Im Halbschlaf meine Lage verändernd, also bald auf der rechten, bald auf der linken Seite und bald auf dem Rücken liegend, öffnete ich mir immer neue Räume, neue Landschaften, die weder dunkel noch hell, weder farbig noch ohne Farbe waren. In all diesen Räumen herrschte Frieden, fühlte ich die Gegenwart der beiden Wesen, ohne die ich erst eigentlich verloren bin. Eine andere kindische und ketzerische Gewißheit: daß es auch im Leben (also auch im Wachen) Augenblicke gibt, die die Seligkeit vorwegnehmen, und Fügungen, die anders als durch Gnade gar nicht zu erklären sind. Das Jenseits war mir eine Gegend, in der man weniger alles hatte, als alles konnte, zum Beispiel lieben, auch geliebt werden, was den meisten Menschen doch den Charakter verdirbt. Das am schwersten zu Bestehende, also auch schwer zu Wünschende, war der furchtbare Anspruch der Ewigkeit, wer würde zwischen dem Immer-Wachen und dem Immer-Schlafen nicht den Schlaf wählen, dessen eiskalte Traumlosigkeit er sich freilich nicht vorstellen kann. Die Überzeugung von der neuen Würde der Toten verbot mir die Hoffnung auf ein Wiedersehen, wenigstens auf eines in der Gestalt und mit den irdischen Eigenschaften, auch im Geflecht aller menschlichen Beziehungen, in dem sich ja irdische Situationen wiederherstellen würden. Ein Geisterkuß wiederum bedeutete mir nichts, und doch ersehnte ich ihn als das einzig noch Mögliche, die Essenz alles dessen, was am Eros, auch dem sinnlichsten, schon größere Versöhnung, schon heilige Hochzeit war. Die Mysterien der Kirche schienen mir jedem zugänglich, der die Mysterien von Geburt, Liebe und Tod wirklich erlebt hat, am eigenen Fleische, das ja nicht der eigene Körper sein muß. Auch wenn seine Scham ihm die Wichtigmacherei eines öffentlichen Bekenntnisses untersagt, möchte er sich doch zugehörig fühlen, die erschütternden Worte der Liturgie wurden auch für ihn gesprochen, die Monstranz auch für ihn erhoben und geküßt. Für ihn hieß in diesem Fall für mich, aber für wen eigentlich noch von den verlorenen Schafen, und wie oft, wenn ich aus meinem Vorhofschlaf plötzlich aufwachte, war mein Bett nur ein Bett, und an meine Ohren drang der Lärm des Düsenflugzeugs, schrill und entsetzlich, wie wenn der Vorhang im Tempel zerreißt.

Am dritten Adventssonntag habe ich auf einer meinem Brasilienbuch eingehefteten Karte den Ort Salvador gesucht und gleich gesehen, daß ich dort wahrscheinlich nicht hinkommen werde. Er liegt im Norden, in der Provinz Bahia und mehr als eintausendzweihundert Kilometer von der Hauptstadt Rio entfernt, was bei meiner Angst vor dem Fliegen ein großes Hindernis ist. Die Bilder aus Bahia habe ich trotzdem genau angesehen, und sie haben mich fasziniert. Sie zeigten Lastkähne mit hölzernen grell bemalten Pferdeköpfen als Galionsfiguren, breite Mäuler, vorstehende Augen und aufgelegte flache Nasen, Mitteldinger zwischen Tier und Mensch, Götter der Vorzeit vielleicht. Ferner Ochsen mit weitgeschwungenen Hörnern zum Viehmarkt getrieben, Fischer mit ihren Netzen vor der Brandung und Segel am schrägstehenden Quermast aufgerollt. Städte mit Wolkenkratzern und niederen Häusern im Barockstil, Märkte mit in Mengen auf der Erde ausgelegten runden Tonschalen und langhalsigen Krügen, eine Kirche mit geschwungenen Fenstern und einem überreich verzierten Portal. Mädchen mit hohen Vasen voll Blumen auf dem Kopf, Tänzer in indianischem Federschmuck und Tänzer, die Palmwedel schwingen, eine Prozession auf dem Wasser, ein Boot mit einem gegürteten finsteren Engel am Bug. Im Hintergrund einer Kapelle eine Krippe, große Palmenlandschaft mit Anbetung der Hirten, mit einer fernher leuchtenden Zitadelle und einem hellen geschwänzten Stern. Volksfeste unter Regenschirmen, die die grelle Sonne abhalten, faltige schillernde Seidenkleider, salamandergefleckte Stierpuppen, schwarze, braune und weiße

Gesichter von ekstatischer Teilnahme verzerrt. Arbeiter im Zuckerrohr, bei der Salzgewinnung und in der Caroa, und immer wieder die alten Heiligen in ihren windzerwühlten Gewändern, übers Meer gewandert aus der alten katholischen Welt. Dies alles fing an mich zu locken, wie die wilden zerrissenen Flußlandschaften und die Meeresküsten mit ihren Spitzbergen und Rundbergen, ein in Aufruhr geratenes, in der Bewegung erstarrtes Land. Ich habe an jenem Tag auch zum erstenmal die mir schon vor längerer Zeit zugeschickten Prospekte der Schiffahrtslinien durchgesehen (Bilder von Kabinen, Deckstühlen, Äquatormummenschanz) und mich daran erinnert, wie schnell ein Schiff eine Heimat wird, die man höchst ungern verläßt – nach dem Gongruf zum Abendessen wendet man, schon dem Hafengebäude zustrebend, wie ein Ausgestoßener sehnsüchtig den Kopf zurück. Vielleicht konnte ich doch etwas gewinnen bei dieser Reise, vielleicht konnte ich aus meiner alten Haut fahren und sie am Wege zurücklassen, ohne die Erinnerung an dein Dasein zu verlieren. Die bloße Aussicht, möglicherweise dorthin zu gelangen, wo Frauen Blumenvasen auf dem Kopf und Fischerboote Engel mit Schwertern am Bug tragen, ließ mir unsere im Wintermantel steckende Stadt langweilig und trübsinnig erscheinen. Ich gewöhnte mich an den Gedanken, sie zu verlassen und von der nebelhaften Vorstellung einer phantastischen Fremde bis zu der im Reisebüro geäußerten unmutigen Frage: »Wie, keine Zwischenlandung auf den Kanarischen Inseln?« war nur ein kleiner Schritt.

Sehr weit zurückgreifende, aber deutliche Erinnerung an ein junges Mädchen, das, bei Verwandten auf einem Landsitz in Baden zu Besuch, am Abend bei einem sogenannten Lämmerhupf (einer Gesellschaft für ganz junge, aus der Nachbarschaft zusammengekommene Leute) sehr vergnügt war, aber in der Morgenfrühe im Nachthemd und Regenmantel unbemerkt aus dem Haus ging, einen kurzen Weg, nur bis zur Bahnstrecke, die dort parallel zum Rhein und auf einem Damm verläuft, den Damm erkletterte und sich unter den Basler Schnellzug warf. Bei dem Versuch, diesen Selbstmord, für den jeder Beweggrund fehlte, aufzuklären, kam man darauf, daß das junge Mädchen zu seinem weit fort in Schlesien wohnenden Bruder in einer Art von hypnotischer Verbindung gestanden hatte, daß zudem dieser ebenfalls noch ganz junge Bruder nach dem Tode der Schwester Alleinerbe blieb. Es wurde also behauptet, daß das Mädchen mit seinem Aufbruch in der Morgenfrühe einen Befehl ausgeführt hatte, der ihm in diesem Augenblick, über tausend Kilometer hin, oder auch schon viel früher, bei einem freundlichen abendlichen Zusammensein zu Hause, gegeben worden war. Am soundsovielten soundsovielten früh um fünf Uhr dreißig wirfst du dich unter den Zug, diese Worte, nicht ausgesprochen, nur gedacht, hafteten dann, und das Mädchen führte den Befehl aus, zur gegebenen Stunde, pünktlich, ohne zu räsonieren, vielleicht nur ungläubig lächelnd über das Unbegreifliche, das sie da im Nachthemd durch die Mirabellendämmerung trieb. Der Gedanke war zu phantastisch, er konnte bei der gerichtlichen Untersuchung nicht herangezogen werden, ohne daß die Gefahr bestand, dem Bruder bitteres Unrecht zu tun. Also blieb alles ein Geheimnis, wie ja im Grunde jeder Selbstmord ein Geheimnis bleibt und wie vielleicht jeder, der sich das Leben nimmt, einen Befehl ausführt, der ihm unmittelbar vorher oder schon vor langer Zeit, jedenfalls aber aus einer rätselhaften Ferne, gegeben worden ist. Ein dunkler Ehrbegriff spielt dabei oft seine Rolle, Ehre, nicht im Sinne funkelnder Epauletten, sondern in dem der Menschenwürde, die sich vieles, aber nicht alles gefallen lassen kann. Wie bei Frau von Z., die in ihrem Haus eine Gaststätte aufgemacht hatte und die eines Tages von betrunkenen Gästen als Zuhälterin und Besitzerin eines Hurenhauses beschimpft worden war, woraufhin sie die Polizei an einen bestimmten Baum im Schwarzwald bestellte (Wegkreuzung soundso, genaueste Angaben), an dem sie dann wirklich hing, aber nicht mehr zu retten: bei dem Brief an die Polizei war es ihr nicht nur um ein Begräbnis, sondern auch um die Anprangerung der Schuldigen zu tun. Das Geheimnis war trotzdem da, da die jetzt Tote genau gewußt hatte, wie betrunkene Männer reden, auch keineswegs zimperlich war und zudem durchaus in der Lage, die ganze Wirtschaft zu verkaufen und friedlich, ohne nähere Berührung mit der doch einmal bösen und streitsüchtigen Welt zu leben. Es war aber plötzlich zu viel, ein Befehl, Schluß, war, vielleicht schon lange vorher, nach dem Tod des Mannes, ergangen, aber nicht befolgt worden, weil es lockte, gerade dieses streitsüchtige Leben noch allein zu bestehen. Der Tod des Gärtners in B., den wir, weil er weder eine Freundin noch einen Freund, dafür aber einen ganzen Schrank voll neuer Anzüge und teurer Seidenkrawatten hatte, Narziß nannten und den man eines Morgens, auf einer Leiter in sein verschlossenes Zimmer eindringend, mit einem Pflanzenschutzmittel vergiftet auffand, war das größte Rätsel, wer hatte da den Befehl gegeben, was war unerträglich geworden? Hatte das Spiegelbild des Alters den in sich Verliebten eines Tages abgestoßen, hatte er, die Blätter auf dem Hof zu großen Haufen zusammenrechend, das Holz der Hochstammrosen winterlich zur Erde beugend, den Ruf vernommen, die Aufforderung, sich der letzten Demütigung der Einsamkeit zu entziehen? In diesen Zusammenhang ist der freiwillige Tod des Gottes Odin nur als Gipfel der Rätselhaftigkeit zu bringen. Die Sage erzählt, daß der offenbar keineswegs allwissende Germanengott sich an einer Eiche aufknüpfte, um zu erfahren, was ihm nach seinem Tode geschehen würde: Selbstmord aus Erkenntnistrieb oder Überdruß eines Unsterblichen, der seine Unsterblichkeit satt hat – so wie die auf natürliche Weise nicht enden könnende Menschheit sich im Augenblick gründlich satt zu haben und auf Selbstvernichtung zu sinnen scheint.

Im Rahmen der Befragungen, denen ich in jener Zeit ausgesetzt war, sollte ich mich einmal auch über Altersgefühle äußern, das heißt, über alles, was diese Lebenszeit in meinen Augen (im bejahenden und im verneinenden Sinne) zu einer besonderen machte. Ich habe aber nur einiges gestammelt, was bereits bekannt war und nicht einmal der Wahrheit entsprach. Dabei hätte ich doch verschiedenes beisteuern können, was zwar nicht ich allein wußte, aber was vielleicht ich allein auszusprechen geneigt war, etwa daß das Alter vor allem darauf aus ist, sich zu verbergen, eine Zeit des Versteckspiels, der Verkleidung, der Geheimnisse und des Traums. Das Lebenselixier wird unaufhörlich gesucht, aus der Milch der Schneelöwin kann es nicht mehr gewonnen werden, dafür gibt es Ärzte, die allwöchentlich mit einem kleinen Rudel von Patienten in den Schlachthof ziehen, um ihnen die Zellen frisch geschlachteter Tiere einzuverleiben und damit ihre Spannkraft, ihre Lebenslust und ihre Neugierde, kurz, ihre Jugend, aufrechtzuerhalten. Wer seinen Körper nicht mit Kälberzellen anreichern will, versucht dennoch ganz unbewußt seinen Verfall aufzuhalten, und nicht nur im kosmetischen Sinn. Das Verhalten seiner Mitmenschen ihm gegenüber ist der Gradmesser, von dem er täglich sein Gelingen, sein Versagen liest. Daher ist das Alter die Zeit einer stummen gewaltigen Anstrengung, aber auch der flehenden Blicke – »Sagt mir etwas Freundliches, singen die Augen«, der Satz von Valéry gilt für die Alternden in erhöhtem Maß. Sagt mir, daß ich noch einer von euch bin, daß ihr kein Erbarmen mit mir habt. Das Erbarmen ist der Genickschuß, daher das Verbergen und Verschweigen körperlicher Schäden und Unannehmlichkeiten, die stereotype amerikanische Antwort »fine« auf die Frage nach dem Ergehen, eine Antwort, die anders gelesen, auch das Wort fine, Ende, ergibt. Das am sorgfältigsten gehütete Geheimnis ist nicht die Tatsache des Alterns, sondern daß man weiß, was da vor sich geht, daß nicht man selbst, sondern die Welt langsam abzusterben beginnt, und was man eines Tages zu gewärtigen hat, nämlich Greisengier oder Appetitlosigkeit, Schlaflosigkeit oder greisenhaftes Einnicken mitten am Tag. Ich weiß, daß du weißt, daß ich weiß, aber gerade deshalb gibt es unter alten Leuten keinen Zusammenhalt, auch keinen Austausch von Erfahrungen, seine Jugend will jeder wahrhaben, aber sein Alter keiner, weshalb man denn auch die Großartigkeiten dieses Zustandes lieber verschweigt als ausposaunt: die Wunder der Entpersönlichung, den Zauber der weiten Sicht, die geheime Lustigkeit des Sichselbst-Überlebens, die Fontane-Frage: »Was soll der Unsinn«, die doch nicht der Krittelei, sondern einer heiteren Spottlust entspringt. Ehepaare, die zusammen und miteinander im Einklang alt werden, können nicht mitreden, jeder bestätigt dem anderen seine ewige Jugend, sein Unverwandeltsein. Das Alter als die Zeit des Alleinbleibens (wie, drei Tage lang kein Anruf, nichts mit der Post!) sollte die Phantasie beflügeln und tut es auch in vielen Fällen, unter den Alten sind die Träumer wahrscheinlich häufiger als die Erinnerer, mit all ihrer Einbildungskraft stellen sie sich selbst wieder her, jung, gesund und liebeskräftig, aber die Objekte ihrer Traumneigungen sind neue – und schöner, als es sie je gegeben hat und je geben wird. Die Wanderfreiheit der alten Gedanken wird nicht genug gerühmt, auch nicht die tragische Größe der letzten Male, etwa wenn ein Professor am Ende seiner Vorlesung aufschreckt und bemerkt, daß er zum letztenmal zu jungen Leuten gesprochen hat, wenn ein Angestellter seinen Schreibtisch ausräumt und seine Schlüssel abgibt. Es tritt etwas anderes an die Stelle des Verlorenen, aber dieses andere entbehrt der täglichen Bestätigung und Erhöhung, es ist weit weniger und weit mehr, ein Umgang mit sich selbst, mit den Wolken und mit dem Tode, was doch genügen müßte, um ein Gefühl der Unwürde gar nicht aufkommen zu lassen. Die finnischen Schneehüttenlieder haben nur ein Thema, die Entmachtung des Menschen durch das Alter, den Fischer, der nicht mehr aufs Meer hinausfahren, den

Jäger, der die schwere Büchse nicht mehr ruhig halten kann. Das versteht man noch, aber was für Abenteuer sind im Alter möglich, was für ein Abenteuer ist es für den Bankkassierer, allein in den Wald zu gehen, und von wie vielen neuen Erfahrungen sprechen die Gesichter der alten Männer, die mit ihren Angeln an den Ufern der Alster stehen. Die wirklichen Schrecken kommen erst später, wenn der verfallende Körper dem Geist aufsitzt und am Ende den apokalyptischen Klepper durch lauter Abgründe des Entsetzens treibt. Wenn etwa eine Verkalkung der Adern die Erinnerung verzerrt, die Träume zu Angstvorstellungen verwirrt. Da bleibt, wie ich vor kurzem von einer uralten Frau erfahren hatte, von einem langen reichen Leben unter Umständen nichts anderes zurück als eine einzige Ungerechtigkeit und Bosheit, da könnte am Ende das Wort von Maupassants letztem Krankenbett: »Monsieur de Maupassant va s'animaliser«, auf all unseren Krankenblättern stehen.

Ich stand, wenn ich auch an Lebensvertrautheit in diesen Monaten einiges gewonnen hatte, noch immer nicht sicher auf beiden Beinen, mußte noch immer beobachten, fragen, wollte noch immer wissen, worauf alles hinausläuft, worauf wir hinauslaufen, vielleicht erst seit gestern, vielleicht seit langer Zeit. Es ist, nach dem Wort eines Freundes, schon viel gewonnen, wenn man weiß, daß der Kondor ein Geier ist, wobei einem dann vielleicht die »Legion Condor« einfällt, vielleicht auch jene romantische Verbrämung, mit der ein so gefährdeter, so tödlich erschrockener Dichter wie Adalbert Stifter sich eine rettende Zauberwelt erschuf. Also keine romantischen Verkennungen, homo homini lupus oder was die Menschen einander, sogar im Namen Gottes, antun, geht auf keine Kuhhaut, eine Kette von Greueln, die man sich auffädelt in gewissenhaften Stunden, während man doch auch weiß, daß der Mensch befähigt ist, jederzeit über sich selber hinauszuwachsen, aber daran zu glauben, fällt zuweilen schwer. Die geschichtliche Überlieferung, nach der man dem Holzschnitzer Riemenschneider, weil er auf der Seite der aufrührerischen Bauern stand, beide Hände abgehackt habe, wird neuerdings angezweifelt, nicht so drastisch soll es zugegangen sein, mit dem blutigen Bild sei nur eine Einschränkung seiner Arbeitsmöglichkeit, nur (nur!) eine Vernichtung seines moralischen Mutes gemeint. Was man mit Kaspar Hauser angefangen hat, zuerst, als er nicht auftauchen sollte und wie ein Tier gehalten wurde, und später, als er wieder verschwinden sollte und gequält und schließlich umgebracht wurde, ist in jedem badischen Gedächtnis, auch daß auf dem Grab des mit seiner Beseitigung Beauftragten ein Jahrhundert hindurch in immer frischer Farbe das Wort Mörder gestanden hat – als man endlich das Grab beseitigte, tauchte die Inschrift auf den unschuldigen Nachbargräbern und auf der Friedhofsmauer auf. Akte der Grausamkeit verüben nicht nur die Mächtigen an den Ohnmächtigen, auch die Verfolgten an den Verfolgten, so, wenn, wie vor kurzem geschehen, Mithäftlinge als bezahlte Spitzel und Provokateure einen Gefangenen »weichmachen«, so lange, bis er auf den Knien vor ihnen herumrutscht und fleht und bettelt, laßt mich in Ruh. Eine furchtbare Grausamkeit habe ich selbst miterlebt, da schleppte ein Vater seinen kleinen Sohn an der als Absperrung für die Dampfer gedachten Balkenkette entlang mitten in den Traunsee. Das Kind konnte nicht schwimmen und sollte es lernen, dort draußen im Tiefen und Eiskalten, tat auch, in den Spiegelbildern schwarzer Wolken, am ganzen Leibe zitternd, seine ersten Stöße, klammerte sich dann, außer sich vor Angst, an den Vater und wurde gepackt und weggestoßen – erst als ich endlich hinschwamm und protestierte, lud sich der Vater das pflaumenblaue, halb tote Kind auf den Rücken und schwamm unter finsteren, an mich gerichteten Drohungen ans Ufer zurück. So vieles hat man mitangesehen, entsetzt, aber schweigend. Züge von Juden durch die Straße, die Goethes Namen trägt, Bündel- und Karrenzüge vorbei an den Alletageeinkaufsläden, und in den Scheiben spiegelten sich die schwarzen Uniformen, die gezeichneten Gesichter und der gelbe Stern. Und nicht daß das alles verschwunden gewesen wäre aus der Welt. Erst unlängst war in Afrika eine Anzahl von jungen Italienern, braven und hilfsbereiten Lastenfliegern, mißhandelt und am Ende umgebracht worden, und auch da standen wahrscheinlich Leute entsetzt und schweigend dabei. Homo homini lupus, eine Kette, die nicht abreißt, und die andere Meinung vom Menschen, die ebenfalls nicht abreißt und für die es ebenfalls Zeugnisse gibt.

Rauschendes Weihnachtspapier, Sterne und Monde aus Goldblech
Und der Tag verrückt in den Tag, an dem sie den Stein dir ausmaßen
In deinem eigenen Zimmer, und falteten in deinem Zimmer
Den Teppich, legten darauf
Nach den Regeln des Goldenen Schnittes die Parthenonreiter
(Jünglinge, einer wendet sich um nach dem andern und winkt ihm)
Bestattet wurde ein Mann in seinem eigenen Zimmer.
Ein Mann
Dem jetzt der Vogesenwind an den Grabstein pocht mit Ranken des Cotoneaster.
Aber hier ist der Stuhl des Mannes, sein Stuhl, mit Rillen am Ende der Lehnen
Geschnitten für seine Finger
Und der Tisch ist sein Tisch, gemacht, ihm gedeckt zu werden
Mit Hirschtellern und Löwenschüsseln und dem Glas für den Weißherbst.
Aufschäumt noch immer für ihn die normannische Welle
Senkt sich der Abend für ihn auf die Donau bei Dürrnstein.

Herr ist er über die Laden voll Landkarten, die nicht mehr entfalteten
Die braunen Gebirge, den Windzorn, die hüpfenden Meere.
Herr über das Volk seiner Schrift
Die vergilbenden staubigen Zeichen
Die stärker sind als der Staub.

Herr über die Glocken Advent, nicht diese neuen perfekten
Notglocke, Pferdchen mit Blechhufen, ungeschickten
Wie galoppiertest du kindlich durch unsere Träume.
Ein Mann
Ist Herr über alles, und wie er uns schweigend erweckt
Regungen des Mutes und Regungen der Güte
Wenn in Gärten der Wiesenau Pappeln sich beugen im Nachtwind
Wenn Reiter, aus Wolken gemachte, am feurigen Stadthimmel aufziehen
Und einer der Jünglinge wendet sich um nach dem andern
Winkt –

Dieses kurz vor Weihnachten entstandene Gedicht zeigt, wie mich deine geheimnisvolle Gegenwart immer wieder mit Zuversicht erfüllte und übrigens nicht nur mich, sondern alle, die in dem von mir beschriebenen Zimmer meine und also immer noch deine Gäste waren. Ich wünschte, ich könnte klarer ausdrücken, worin diese Stärkung bestand, man würde meinem seltsamen Zickzackweg (ins Leben hinein und aus dem Leben hinaus) dann besser folgen können, auch besser verstehen, warum ich dein Zimmer, diesen Ort des Friedens, so liebe und warum ich ihn dann auch wieder verlassen mußte, weil ich mir plötzlich in den Kopf setzte, dich an ganz anderen Orten zu suchen. Denn soviel war mir schon klargeworden, nämlich, daß ich dich noch immer suchte, auch wenn ich auszog, das Fürchten zu lernen, und wahrscheinlich würde ich es niemals ganz erlernen, weil du noch da warst, nicht auf der Erde, aber in der Welt, wie wir sie begreifen an weniger kurzsichtigen und schwerhörigen Tagen: als einen Ort der Lebendigen und der Toten, als einen Ort des Leidens und der wachsenden Gottesentfernung, da hilft kein Nachjagen, er ist immer schon um die Ecke, je größer das Universum wird, desto mehr Schlupfwinkel, was nützt da ein Stück Augenlid, in den Weltraum geschossen mit seinem Kranz von Wimpern, die Raketen sind plumpe Fahrzeuge und holen ihn nicht ein; die Gedanken sind da immer noch leichter, wendiger und mit besseren Sehwerkzeugen und Tastwerkzeugen ausgestattet, und auch diese erreichen ihn nicht. Ein Ort also des Alleinseins, aber des Niemals-Alleinseins auch. Denn war der junge Zypriot allein, der im Hof des Gefängnisses hingerichtet, aufgehängt wurde, lautlos, und keine Nachricht durfte nach außen dringen, die Mauern des Gefängnisses waren stark. Aber draußen vor diesen Mauern saß seine Mutter schon Tage und Nächte lang und auch in dieser Nacht und auch im Morgengrauen, bei dem nicht das geringste sich veränderte, kein Laut von drinnen, wie gesagt, aber auch kein plötzlicher Windstoß, kein Lichtzeichen am Himmel. Nur daß in demselben Augenblick, in dem dem Gehängten drinnen die Luft ausging, er seinen starken jungen Atem aufgab, daß in diesem Augenblick die Mutter draußen hinstürzte und den Atem aufgab und daß ebenfalls in diesem Augenblick in allen Kirchen der Umgebung die Glocken zu läuten anfingen, obwohl nicht nur die Stunde, sondern sogar der Tag der Hinrichtung streng geheimgehalten worden war. Und war Fausto Coppi (der Radfahrer) allein, als er sehr krank war und seine Geliebte, die man einmal die weiße Dame nannte, darauf verzichtet hatte, bei ihm zu bleiben, ja, ihn überhaupt noch einmal im Leben wiederzusehen, weil der Pfarrer ihm sonst die Letzte Ölung verweigert hätte, und er hätte doch auch wieder gesund werden und noch dreißig Jahre leben können, aber sie verzichtete, und er starb, versehen mit den heiligen Sterbesakramenten und versehen mit ihrer Liebe, die ihm die ewige Seligkeit einhandelte, jedenfalls in den Augen des Pfarrers und in den Augen der Welt. Und selbst der war nicht allein, der junge SS-Mann, der, als die Hinrichtungen und Fortschaffungen der Juden anfingen, sich weigerte mitzumachen, was er glaubte, nicht gelernt zu haben auf der Ordensburg, von lauter Mannestugenden war da die Rede gewesen, von Manneszucht, Edelmut und Tapferkeit, aber nicht von Jammergestalten, auf die man zu schießen hatte, nachlässig wie von ungefähr, so daß sie halblebendig in die Grube stürzten und halblebendig mit Erde bedeckt wurden, woran er sich nicht beteiligen wollte, aber das gab es nicht. Er wurde zur Ordnung gerufen, und zwar von einem älteren SS-Mann und mit Hilfe einer Kugel, die ihm die Lunge zerriß. Er kam, weil es ein deutsches Militärlazarett in der kleinen polnischen Gemeinde nicht gab, in ein polnisches Krankenhaus, hatte noch Zeit, dem Arzt, halb verwundert, zu sagen, ich sterbe für euch, für die polnischen Juden, und hinzuzufügen, vergeßt es nicht, was auch nicht geschah, nicht geschehen konnte, weil der ältere SS-Mann, nachdem er sich seine Instruktionen geholt hatte, behauptete, der Junge sei von den Juden umgebracht worden, worauf erst die eigentliche Ausrottung begann. Und das alles war doch entsetzlich, und was für eine Behauptung, der Sterbende sei nicht allein gewesen, verlassen von seinem Vorgesetzten und von seinem Führer, der ihm so viel war wie Gott. Aber ich war doch überzeugt, daß alle Regungen des Mutes und der Güte in einem geheimen Zusammenhang stehen und in einem Zusammenhang mit den Toten. Hierüber hätte ich damals gern noch mehr aufgeschrieben. Ich mußte aber aufhören und meinen Koffer packen. Ich mußte, ehe ich zu Weihnachten aufs Land fuhr, noch einmal auf die Reise gehen.

Auch auf den Blitzreisen, und vielleicht gerade auf diesen, hat man Eindrücke, die ein Bild ergeben, ein in all seiner Ungenauigkeit doch unverwechselbares Bild. So sah ich diesmal, von der herzlichen Dienst-am-Kunden-Stimme des Luxuszuges begrüßt und von Station zu Station geleitet, drinnen die blauen bequemen Sessel und die angenehmen matten Lampen und draußen ein überaus wildes, aus zerrissenen Wolken brechendes Morgenrot, das langsam erlöschend den Blick auf die Erde, auf nasse spiegelnde Straßen, nasse blinkende Schienen, feuchtschwarze Gehölze, schwarzen Schotter und schmutzigweiße Bahnwärterhühner entließ. In Brüssel drehte sich eine Leuchtuhr hinter Regenbögen, vor rutschenden Autos und gelben Ölhäuten der Polizisten schwankten halb blinde Radfahrer gefährlich vorbei. Die Straßen verschwanden unter der Erde und tauchten wieder auf, eine sanfte Berg-und-Tal-Fahrt, und am Ende schimmerten die riesigen Metallkugeln eines der Atomkraft gesetzten Denkmals feucht im künstlichen Licht. Neben den neuen öden Glaspalästen standen die alten, Fensterarchitektur auch hier, aber reichverzierte und vergoldete, mit Kugeln, Pyramiden, Rittern und Tieren auf der Giebelspitze, und im Innern des Rathauses dreihundertundfünfzig kostbare Gewänder für ein steinernes pissendes Kind. In Antwerpen regnete es sanft, nur ein Perlenschleier auf den Wimpern, während der Wind über die hölzerne Hafenterrasse fegte, die Möwen in Schwärmen den Schiffen nachjagten, die prachtvoll dicken Frauen, in den kleinen Hafenlokalen am Fenster sitzend, ihr rosiges Fleisch darboten. Die wächsernen Tulpen und Anemonen leuchteten, die Glockenspiele der Kirchen klimperten, und in den Hintergründen finsterer Altwarenläden zuckte in Buketts von bunten Gläschen ein süßes, unruhiges Licht. In den um einen Gartenhof geschlossenen Häusern zum goldenen, silbernen, hölzernen Zirkel herrschte die tiefste Stille, auch schon um Mittag die tiefste Dezemberdämmerung – aber noch immer leuchteten die Farben der kleinen biblischen Landschaften, noch blitzte das dicke Gold der Initialen, noch entzückten die Lettern des Sonetts, in dem der Hausherr sein Glück besungen hatte, ein recht vernünftiges, recht bürgerliches Glück. Was ich vom Kongo, von den Unterlassungssünden der alten Kolonisten und den Grausamkeiten der plötzlich mit allen Gütern des Cargokults überschütteten und doch nicht mündig gemachten Stämme hörte, war dann doppelt verwirrend. Bös und gut, so heillos verflochten und verfilzt, dabei der Verdacht, daß es schon immer so war, auch in den Jahrhunderten des sicheren Christentums, auch zu der Zeit, in der das Bild »Die böse und die gute Nonne« entstand. Das sah ich noch vor der Abfahrt, es zeigte, vor eine Reihe von Bäumen, zwei Nonnen, von denen eine, der der Teufel ins Ohr bläst, bald ihres Nonnengewandes ledig mit einem lustigen Kavalier in einem Wäldchen zur Rechten verschwindet, während die andere sich ein dickes schwarzes Kreuz aufläd und, mit dem auf dem Rücken, wankend nach links strebt. Ich sah sie auf diesem Wege viermal, auch sie versuchten die Teufel zurückzuziehen, aber Christus erschien und stand ihr bei, aus den Steinen zu ihren Füßen wurden Rosen, das zuerst dürre Bäumchen trug in der Folge Blüten und Früchte und verwandelte sich schließlich in Gott selber, den flammenden Busch. Wenn es noch so eindeutig wäre, dachte ich und war doch überzeugt, daß es so eindeutig niemals war, immer ein Labyrinth, immer Gut und Böse auf allen Seiten und in jeder Brust.

Nach Hause zurückgekehrt und im Begriff, meine Weihnachtsgeschenke einzupacken, bekam ich den Auftrag, dein Leben zu beschreiben, nicht im Telegrammstil, aber auch nicht allzu ausführlich – eine Zumutung, die mich aufs äußerste erschreckte. Bevor mir noch recht einfiel, was alles ich sagen sollte, Herkunft, Erziehung, Studium, Ortsveränderungen, Begegnungen, wissenschaftliche Probleme, dachte ich schon an das, was ich nicht schreiben durfte, und daß jedes aufgeschriebene Leben, eben um dieses nicht Sagbaren willen, eine Fälschung ist. Ein Stück Himmel, bestehend aus Wolken und reinem Äther, Dunststrahlen und Schwefellicht, von deinen Augen und von meinen vielleicht gleich, vielleicht völlig verschieden gesehen. Die Goldmünzen auf deiner großen trockenen Hand, das Adlerpaar aus Akragas auf der Beute hockend, Arethusa im Schilfkranz, von Delphinen umspielt. Abendlicher Weg zwischen Feigenbäumen, und wie die auf dem Kuppeldach hockende Bauernfamilie schon von weitem die Hände nach dir ausstreckte und daß etwas von einem Vaganten und einem Einsiedler an dir war, ich hab mein Sach auf nichts gestellt, und doch eine Fähigkeit zur Leidenschaft, Gefühl und Erkenntnistrieb, aber das alles nicht recht zu fassen, vielleicht nur in der Ähnlichkeit deiner Züge mit einem Mann auf einem Bild, mit dem Mönch auf Giorgiones »Konzert«. Das mußte ich mir wieder verschaffen, vielleicht sollte man es aufhängen an Stelle deiner schrecklich schnell verblassenden Photographie. Sein Blick, glühend, schwermütig und rein zugleich, war dein Blick, und wie sollte man es jemandem klarmachen aus den Daten deines Lebens, das Jünglinghafte und Männliche, das Mönchische und Anarchische, das Verbindliche und Einsame, was alles vielleicht in jedem Manne steckt, aber nicht bei jedem beherrscht wird von einer so starken, so unbestechlichen Humanität. Jeder andere, so meinte ich, konnte besser als ich dein Leben beschreiben, ich war zu nah, hatte zu viele Erinnerungen an Unmeßbares und Unermeßliches, und wie sollte einer, der noch nicht abgeschlossen hat, über etwas für alle anderen Abgeschlossenes und nicht mehr Veränderliches wahrheitsgetreu berichten. Jedenfalls war ich schon damals entschlossen, mich beim Aufzeichnen deines Lebens aus diesem Leben herauszuzaubern, die bloße Tatsache der Ehe und kein Wort mehr. Nicht die geringste Andeutung, was du für mich warst, was ich für dich war und daß wir uns gut verstanden haben, denn vielleicht haben wir uns gar nicht verstanden, sondern uns nur immer wieder mit Entzücken erkannt. Hinwendung, Fortwendung, Hinwendung, verlieren, wiederfinden, einander fliehen, einander gehören, und das alles am Ende verschweigen und nichts anderes aufschreiben als die Geschichte eines Mannes, Geschichte seiner Arbeit, seiner Freunde, seiner Stellung in der Welt.

So etwas hatte ich noch nicht, jedenfalls nicht in B. erlebt, eine Landschaft im Eispanzer, die Straßen und Wege von Eishäuten überzogen, jeder Zweig, jeder Halm, jede Beere und jede Nadel von einer Eishülle umgeben, dabei nicht funkelnd, denn es schien keine Sonne, Nebel wankten umher. Im Winde klopfte Eis an Eis, kein Geruch, auch nicht von Stein, Holz und Erde, und diese unsicher tastenden Schritte und heftigen Stürze, dieses Fortgleiten der Autoräder in den Kurven, alles unsicher geworden in einer verwandelten Welt. Graue steifgefrorene Akkerschollen, graue Riesenzapfen an der Dachrinne, lang wie Schwerter, und im Wald das graue eisverkrustete Moos. Ein Tag kroch in den andern, eine der heilig-unheiligen Nächte in die andere, ich kann nichts mehr unterscheiden, weiß nichts mehr, nur daß wir einige Male die Wildsauen und die Fasanen fütterten und wie sonnengelb und fremd die Maiskolben auf der Eishaut lagen und wie die ausgeworfenen Körner prasselten auf dem erstarrten Gesträuch. Wie dann Schnee fiel, einen halben Meter hoch, und liegenblieb und sich mit einer Eisschicht bedeckte, und immer noch stand der Nebel über dem Acker, und immer noch trieb das Haus durch die Tagesfinsternis wie eine Seele vom Sein ins Nichtsein, mit blinden Augen, die die phantastische Flora der Urzeit überspann. Unter dem Christbaum stand die Krippe, Joseph und Maria, die Könige und die Hirten, vor vielen Jahrzehnten in Gewänder aus Urgroßmutterschleppen gekleidet, staubige Seide, brüchiger Samt, ein feines Wachshändchen, feines Wachsfüßchen fehlt schon, schwankend auf kleinen Podesten, bereit, im Tannendickicht zu verschwinden, die kleine verlorene Schar. Gedanken über die Krippe, über das Weihnachten der späten Jahre, seinen schwermütigen Zauber, seine süße Traurigkeit. Kinder, so heißt es, machen es erträglich, ja, erfreulich, aber gerade über die Kinder mußte ich mich besinnen in dieser eisigen Zwischenzeit, und in was sie da eigentlich hineinwuchsen und was ihnen bevorstand, wenn sie anfingen, mit ihren Pfunden zu wuchern, ihrem Gold, ihrem Sprengstoff, was alles in ihnen schon wuchs und sich äußerte in süßem Lächeln und in fürchterlichen Schimpfworten, bei denen sowohl die ewige Verdammnis wie auch gewisse Körperteile ihre Rolle spielen. Blick vom Frühstückstisch über den verschneiten, vereisten Obstacker, Niemandsobst, Niemandsbrot, und am Tisch der dreijährige Engel mit den zarten Wachshändchen, die aber nicht abfielen, sondern mit der Kraft von Kanalarbeiterhänden den schweren Vogelfuttersack packten und die Flut der schwarzen Körner über den Teppich streuten. Im dunklen Kinderzimmer das feine Sausen und rote Glühen der elektrischen Lokomotive, winzig trauliches Funkeln auch aus den Fenstern der selbstgebastelten, mit Batterien versehenen Häuschen an der Strecke, und der Kopf des Zehnjährigen schattenhaft ernsthaft über das Schaltbrett gebeugt. Graue schweigende Gesichter der Liebenden, Hader und Zweifel und rasche zärtliche Blicke, und war das nicht einmal anders, heller und gnädiger, oder war es nie anders, Zeit der grauen Eisblumen und der kreisenden Lichter, und die Zukunft immer bedrohlich und schwer. Indessen spielte der Achtzigjährige Klavier, das war nicht verwunderlich, was tun Achtzigjährige nicht alles heutzutage, aber er spielte ja nicht, er übte, rechte Hand, linke Hand, jetzt zusammen, wiederholte die schweren Passagen der späten Beethovensonate hinter den geschlossenen Türen, und neben ihm saß seine auch achtzigjährige Frau, das anmutige Geistlein, und nickte töricht-selig den Takt. So kamen wir ins neue Jahr, süße Costanza, zueinander getrieben ins Eisbett, zu Hause und nicht zu Hause, raunend und schwätzend wie Pensionärinnen und auseinandergehend, nach Süden, nach Norden, noch ehe, bei immer steigendem Barometer, das Wetter umschlug und der große Sturm einfiel in der Nacht.

Mit dem großen Sturm hatte das Frühlingswetter angefangen, der am Oberrhein übliche Winterfrühling mit den weichen Wolken und den Pfützen voll Himmelsblau. Ich habe das nicht mehr erlebt, ich bin nach Hause gefahren, die angefangene Lebensbeschreibung im Koffer und recht verwirrt. Diese Kälte, dieses finstere Draußen, und drinnen ein Versteckspiel, so als habe jeder etwas zu verbergen und wünsche etwas zu erfahren – zum erstenmal traf ich den Zehnjährigen an einem Schlüsselloch horchend, und schon überfiel er mich mit Fragen, was bedeutet das, was soll das heißen, warum haben sie das gesagt. Sie haben von einem Film gesprochen, sagte ich, ein Kinostück, verstehst du, und nahm ihn mit in mein Zimmer und erzählte die ganze Geschichte, die ich um die erlauschten Worte herum erfinden mußte, und er hörte mir aufmerksam zu, und vielleicht glaubte er mir nicht. Was soll werden, dachte ich, ein Haus kann auseinanderbrechen, etwa infolge gewisser starker Erdbewegungen, wie sie übrigens für den Anfang des Jahres, wenn alle Planeten im Zeichen des Wassermanns standen, geweissagt worden waren. Das Haus kann stehen bleiben und auch auseinanderbrechen, die Toten, die es zusammenhalten (jede Nacht, viele, mit vielen Armen), können sich abwenden, lässig werden, sagen, wir fahren, laß fahren dahin. Wenn etwa im Gefolge der erwähnten Weltuntergangsprophezeiungen Aktienkurse fallen, müßte etwas anderes steigen, Gesetz der kommunizierenden Röhren, Gebete zum Himmel zum Beispiel, oder eine Liebe ohnegleichen, die alles niemals zu Besitzende, ein Stück Eisen, eine Schnecke, eine plötzlich erkannte

Menschenseele umgreift. Zum Beten war mir nicht zumute in den grauen Eistagen, aber die Menschen sind vor meinem Blick gewachsen, jeder einzelne ist gewachsen, am Ende hatte ich lauter große tragische Masken im Blick. Das Kindsein, das Jungsein und Lieben, das Altsein und Lieben, das Altsein und nicht mehr Lieben, lauter Tragödien, und schließlich ist es mir zuviel geworden, und ich habe mir alle Mühe gegeben, die Menschen wieder kleiner und gewöhnlicher zu sehen. Nur daß es mir auch jetzt noch unmöglich war, lauter Marionetten zu sehen, lauter starre Blicke und Marschierbeine oder Lenkradarme und krampfhaft lächelnde Münder, plötzlich sprang das Menschenantlitz heraus, immer ein besonderes, und aus der Berührung des Besonderen mit dem ewig Gleichen, dem Alter, der Jugend, der Liebe, dem Tod, entstand, was wir eine Tragödie nennen.
Ich wünschte, dein Vogel wäre tot, sagte der Bruder zum Bruder und stieß an den Käfig, und der Vogel, ein Kardinal (leuchtend rot, Heimat Südafrika), das Weihnachtsgeschenk, der eben, angeregt durch das Staubsaugersummen, zum erstenmal gesungen hatte, vielstimmig wie ein kleiner Urwald, der Kardinal verstummte. Der Bruder aber dachte nicht daran, seinen Vogel zu schützen, sondern stürzte sich nun selbst auf den Käfig, rüttelte und schüttelte ihn, schrie, also gut, mit tränenrauher Stimme, also gut, und das hieß, machen wir ihn hin, machen wir alles hin, wenn du so etwas sagen kannst, wenn das Leben so ist, daß du so etwas wollen kannst, und der Erwachsene, der dazukommt, kann den Vogel retten, versucht auch die Welt zu retten mit einem schwächlichen »Er hat es nicht so gemeint«, aber ein Schauer, der alte Schauer der Tragödie, überläuft ihn doch.

Geheimnisse der Sonnenwende, wie jedes Jahr. Kaum ist der tiefste Punkt überwunden, sieht alles draußen anders aus, riecht anders, fühlt sich anders an. So war das Grau der warmen Regentage jetzt transparent, ließ den Frühling durchscheinen, eine Narretei, ich wußte es und wußte auch, daß mit dem Frühling allein wenig gewonnen war. Trotzdem schloß ich auf der Straße die Augen, segelte dahin wie eine Galionsfigur, die bei jeder Ausfahrt vorne ist, mit ihren blinden Augen, ihrem törichten stolzen Gesicht. Großer Aufbruch also in den Frühling, kleiner zu einer Lesung, diesmal in der Nähe, in einem Industriewerk, das ein wohlvorbereitetes Kulturprogramm ablaufen läßt. Unheimlich finstere hohe Loggien um einen Innenhof, aus einer Tür nur fiel Licht, der Saal war dann überraschenderweise steil amphitheatralisch mit Tischen und Bänken wie für Studenten der Anatomie. Das grelle Licht wurde gelöscht, bestrahlt blieb nur der zu sezierende Leichnam, das Podium mit dem Blumenstrauß, ich. Ich war zerstreut und unruhig, weil kurz vor Beginn der Lesung eine mir aus früheren Zeiten bekannte Frau aufgetaucht war und hinter ihr ebendiese vergangenen Zeiten, ein Bauernhaus im Taunus und ein Bruder, der die Geige spielte und den man eines Tages ins Krankenhaus bringen mußte, weil er behauptete, nicht mehr schlucken zu können, und der an dieser medizinisch ganz unbegründeten Unfähigkeit zu schlucken auch schließlich starb. In dem Haus hatte die damals noch unverheiratete Frau verschiedene uns wertvolle Dinge verborgen, vor allem deine Manuskripte, tatsächlich zogen an dem bescheidenen Anwesen die Plünderer vorüber, es wurde auch nichts beschlagnahmt, im Handwägelchen konnten wir am Ende alles wieder abholen, auch den holzgeschnitzten Johannes, den du schon als Jüngling besessen hattest und der jetzt wieder in meiner Wohnung stand. Während ich las, hörte ich die Räder des Handwägelchens rollen, Zeiten haben ihre Geräusche, und wie zerlumpt waren wir, und das Wägelchen voll Falläpfel, und das Wägelchen voll Steckrüben, auf grobem Pflaster stockend und stoßend, und an der Deichsel Hand neben Hand. Was da alles auftauchen kann, auch während des Lesens und gerade so weit nimmt man sich zusammen, daß man die rechten Worte betont und keine Zeile überspringt. Da durchdringen sich dann gleich drei Zeiten, die gelebte (lesen, Wasser trinken, lesen, sich verbeugen), die gelesene (das Amt des Dichters) und das dazwischen Gedachte oder vielmehr Gehörte und Gesehene, endloses Räderrollen und unsere Hände am Deichselkreuz, mager, blaugefroren, jetzt tauschen wir die Plätze, ich rechts, du links, und die erstarrten Finger in die Tasche gesteckt. Wieder etwas für deine Biographie, für die zweite, die nicht geschrieben wird, während ich an der ersten, dieser Geschichtsfälschung, alle Tage arbeitete, auch noch gearbeitet habe, als ich von der Lesung, einer der letzten vor meiner großen Reise, nach Hause kam. Auch den Text meines Vortrags, mit dem ich mich immer noch nicht abgefunden hatte, habe ich in jener Nacht zu überarbeiten versucht. Er war mir zu schwungvoll, zu pathetisch, bestand aus lauter schönen Worten und schönen Sätzen, die zu seinem Inhalt in Widerspruch standen. Ich hatte da einmal von einem Kampf gesprochen, den der Dichter ausficht, einem Ringen auf Leben und Tod, ein andermal von der rettenden Verzweiflung, schließlich von der Unvergänglichkeit von Hoffnung und Mut. Zu der Wahrhaftigkeit, die ich als erstes Gebot hingestellt hatte, paßten diese schön klingenden Sätze schlecht. Es war etwas geschehen und nicht nur mir geschehen, das nach einer anderen, härteren Ausdrucksweise verlangte. In dieser habe ich mich dann auch und, wie mir schien, nicht ohne Erfolg, versucht. Bei einem Mitte Januar geführten Telefongespräch habe ich meinem Auftraggeber von meinen Änderungen erzählt. Er wurde aber gleich sehr ärgerlich und verbot sich jede Abweichung von dem, wie er inzwischen erfahren hatte, erfolgreichen Text.

Es kam auch im neuen Jahr noch zuweilen vor, daß mir alles zuviel wurde, das Vorlesen, das Beurteilen, Ratgeben, Korrekturenlesen, überhaupt jede Beschäftigung mit den Menschen, und schon gar mit der Literatur. Ich genoß das Alleinsein, mit angezogenen Knien auf dem Sofa hocken, an die Zimmerdecke starren, kein anderes Paar Augen suchen, von keinem gesucht werden, eine Sensation ersten Ranges, so etwa, wie wenn man, mit der Drahtseilbahn auf die Scheidegg fahrend, zum erstenmal über den grauen Felsen die unerhört reinweiße Spitze der Jungfrau erblickt. Dabei erfuhr ich, allein im Zimmer und in der Wohnung, gar nichts Ungewöhnliches, hatte keine besonderen Einfälle, wurde auch nicht, wie der Vergleich mit dem Gletschergipfel nahelegen könnte, in einen Zustand plötzlicher schneeweißer Unschuld versetzt. Trotzdem hatte dieser Genuß des Alleinseins nichts von Indolenz und geistiger Verödung, viel eher etwas von der Wollust der Einsiedler, deren Fürsichsein ihnen nur den Weg freimachte zu einem Fürgottsein, mit Gott verkehren, was nicht nur wegen der absoluten Größe des Partners, sondern auch wegen seiner Schweigsamkeit dem Verkehr mit den Menschen vorzuziehen war. Auch der Herr Niemand, der Herr Jemand, dem wir uns in solchen Augenblicken hingeben, hat seine besonderen Vorzüge, er ist ein Liebhaber, für den man immer schön bleibt, ein Freund, den man nie enttäuscht. Er hat die Augen der Dämmerung, die Bewegungen des Windes und den Geruch der Kindheit – unter seinem Himmel, dem Stück Himmel vor meinem Fenster, erschien Landschaft um Landschaft, alle unauffällig, ohne besondere Kennzeichen, ohne die Schandpfähle, Marterpfähle, Blutzeichen, mit denen die Landschaften der Erinnerung ausgestattet sind. Ich will damit sagen, daß die vollkommene Einsiedelei kein Versinken in Erinnerungen, auch nicht in glückliche, und kein Heraufbeschwören gewisser auch überirdischer Zukunftsbilder ist. Sie ist Gegenwart und nichts als Gegenwart, weswegen sie auch nur dein Wesen, aber nicht deine einmalige, sozusagen geschichtliche Erscheinung umgreift. Sie ist unschöpferisch, ein Zustand jenseits der Worte oder vor ihnen, jedenfalls weit entfernt von allem, was gedruckt, verlegt, vertrieben werden kann. Sie ist ein Zustand von Glückseligkeit, weshalb die Verlockung, sie auszudehnen, niemals enden zu lassen, auch groß war – ich ging an solchen Tagen nicht ans Telefon, sprach auf der Treppe mit niemandem und suchte zum Einkaufen jene neuen Läden auf, in denen man, ein klapperndes Drahtwägelchen vor sich herschiebend, die Schachteln, Büchsen und Gemüsebündel selbst von den Regalen nimmt und am Ende nur eine Ziffer, also etwas ganz Unmenschliches, genannt bekommt. Dabei war ich an anderen Tagen solchen Geschäften ganz abgeneigt. Das Nicht-mehr-Bedient-, Nicht-mehr-Beraten-Werden enthebt den Kunden der Mühe, darauf zu achten, ob die Verkäuferin heiser ist oder verweint aussieht, und die entsprechenden Fragen zu stellen. Von diesem menschenfreundlichen Standpunkt aus war natürlich die ganze Einsiedelei zu verwerfen. Ich und der Herr Jemand, ich und der Herr Niemand, ich und Gott. Da brauchte man am Ende überhaupt nicht mehr auszugehen, konnte seine Uhr in die Schublade legen, seine Nägel wachsen lassen und keinen Brief mehr öffnen, da trieb man durch die Zimmer und stand nachts am Fenster, ein Gespenst bei lebendigem Leib.

Arbeitspläne sind auch früher in mir immer bündelweise, schubweise aufgetaucht, entweder viele auf einmal oder überhaupt keine, knochendürre Zeit. Einen solchen Schub hatte ich in einer Nacht Anfang Februar, drei, vier, fünf Möglichkeiten, die am Morgen schon etwas verblaßt und fragwürdig waren, die ich aber doch aufgeschrieben habe. Die erste Möglichkeit, ein paar Kinder treten auf, sprechen und spielen miteinander, verhalten sich ganz kindlich und werden dann übergeblendet in Erwachsene, in die Erwachsenen, die sie einmal sein werden. Es folgt eine charakteristische Szene für jeden dieser Erwachsenen, Szenen, die sich übrigens im selben Raum und in Gegenwart der Kinder abspielen können. Am Ende verschwindet das Blendwerk, die Kinder sind wieder allein, ihr späteres Wesen und Schicksal ist gewissermaßen über ihren Häuptern aufgetaucht, nun verschwindet es wieder, und sie spielen weiter wie vorher.

Zweite Möglichkeit, auch für die Bühne oder das Hörspiel: Eine Familie erlebt den Tag X, Tag eines prophezeiten Weltunterganges, von dem aber nur in knappen Andeutungen die Rede sein darf, weil das ganze Stück ausdrücken soll, daß niemand sein eigenes Ende wirklich ins Auge fassen will. Es wird also getan, als ob oder als ob nicht, allerlei angefangen, dazwischen verliert man die Nerven, hat Erinnerungen und Gefühle, auch ein Gefühl dafür, daß, wer von niemandem überlebt wird, umsonst gelebt haben muß. Versuche, sich gewisser, jetzt ganz unpassender Kindergebete zu erinnern, Versuch der Mutter, ein neues Gebet zu erfinden, das aber von den Kindern, die sich für sie genieren, mit Radiomusik zum Schweigen gebracht wird. Schließlich die Überzeugung, daß nur der banalste Alltag einen Schutz bietet, also Alltagsbeschäftigungen, Schularbeiten, Abendbrotrichten usw. Während dieser Beschäftigungen erstarrt eines der Familienmitglieder nach dem andern, und zwar mitten in der Bewegung, wie die Märchenfiguren in Dornröschen oder wie die in Pompeji als Hohlformen übriggebliebenen und mit Gips ausgegossenen Toten – sie haben ihre Todesstunde verpaßt.

Dritte Möglichkeit: monologue intérieur einer Mutter, deren Tochter mit dem Wagen auf einer gefährlichen Bergstraße unterwegs ist und die auf die versprochene Nachricht ihrer glücklichen Ankunft wartet. Nachtstunde um Nachtstunde vergeht, das Telegramm kommt nicht, ist auch, wie die Frau durch wiederholte Anrufe feststellt, beim Telegraphenamt nicht eingegangen. Gedanken der Frau an die Strecke, die sie kennt, und an alle Arten von Katastrophen, bei denen auch kein Fremder, auch keine Polizeistelle mehr Nachricht geben kann, so etwa, wenn der Wagen durch einen heftigen Anprall Feuer fängt und vollkommen ausbrennt, Insassen, Papiere und Gepäck. In dem Maße, in dem die Paßstraße mit ihren scharfen Kehren und steilen Abgründen für die Frau der Ort vieler gräßlicher Tode wird, überkommen sie auch Erinnerungen an das Leben des nun erwachsenen Kindes, an ihre eigenen Versäumnisse, Liebesversagungen, Lieblosigkeiten. Schließlich steht sie am Fenster, wartet gar nicht mehr auf das Telegramm, sondern unsinnigerweise auf die Tochter selbst, schaut die schmale Einbahnstraße hinunter, auf der manchmal die Lichter spät heimkehrender Wagen sich nähern, immer zu schnell, so daß sie nicht mehr zur rechten Zeit anhalten können. Einer um den andern gleitet vorbei, lauter Hoffnungen, lauter Enttäuschungen, während die Nachtluft eisig wird und die Mutter am Ende ins Bett trottet, plötzlich schwer, plötzlich alt, keines Schmerzes, keiner Hoffnung mehr fähig.

Auch an die vierte und fünfte der von mir in jener Nacht erwogenen Möglichkeiten, Konkurs einer ländlichen Textilfabrik, erste Sturmzeichen, konnte ich mich am Morgen noch erinnern. Ich wollte sie aber nicht aufzeichnen, mich vorläufig nicht mit ihnen beschäftigen, wie übrigens auch mit den andern nicht.

Mein Auftraggeber, mit dem ich weiterhin nur schriftlich, allenfalls telefonisch, verkehrte, hatte mir neue Werbeprospekte der Schiffahrtslinie geschickt. Das Schiff, mit dem ich reisen sollte, war, jedenfalls auf den farbigen Bildern, neu und funkelnd sauber, ruhig überquerte es, vom Flugzeug aus aufgenommen, ein ruhiges tiefblaues Meer. Obwohl ich immer noch nicht fest entschlossen war zu reisen, hatte sich mein Vorhaben bereits herumgesprochen. Ich bekam schon seit Weihnachten fast täglich Briefe, in denen man mir gut zuredete und mich von der Heilsamkeit einer solchen Ortsveränderung zu über-

zeugen versuchte. Ein ganz neuer Erdteil, eine völlig andere Umgebung, und was hinter solchen Lobpreisungen stand, war doch nur die Ungeduld, der Widerwille gegen mein ewiges Trauern, Schwarzvogel, Klagvogel, schweig endlich oder stimme andere Töne an. Tatsächlich scheint es auch für Gefühle ein insgeheim festgesetztes Maß zu geben, was darüber hinausgeht, wirkt abstoßend wie eine Ungesundheit, die sich weder zum Genesen, noch zum Sterben entschließen kann.
Sieh etwas Neues, hör etwas Neues, erzähl uns etwas Neues, wir haben dir genug Zeit gelassen, alles was recht ist, und drei Jahre sind recht. Diese Briefe meiner Freunde konnte ich nur mit Kopfschütteln lesen. Wenn sie wüßten, wie weit ich mich schon von meinem Toten entfernt habe oder wie weit er sich von mir entfernt hat und daß von Treue über das Grab hinaus gar nicht die Rede sein kann. Treue, das wäre gewesen zu sterben, gleich oder übers Jahr, wenn man's Träubele schneid't, wenn alle Jahreszeiten einmal vorübergegangen sind und nichts sich verändert hat, wie bei der jungen Frau, die sich am Jahrestag mit einem Küchenmesser die Kehle durchschnitt. So treu ist man, wenn man jung ist, aber die Alten sind Vetteln, die mit dem Leben buhlen, wie Marthe Schwerdtlein mit dem Teufel, der farbenprächtig und kalt in ihrem Gärtchen spazieren geht. Ich bin nicht gestorben, die Jahreszeiten hatten mich verändert und veränderten mich weiter, wie jeder freie Atemzug, jeder Augenblick des Gern-auf-der-Welt-Seins, und diese Augenblicke waren so wenige nicht. Also keine Treue, sondern Untreue, schrittweises böswilliges Verlassen, hundert Schritte, tausend Schritte, und am Ende geht es mit Siebenmeilenstiefeln dahin. Was wußtet ihr davon, freundliche Briefschreiber, und wie ich schon damals bei jeder Krankheit um mein eben noch so unwertes Leben zitterte, und wie ich mich fürchtete, allein durch den Nachtwald zu gehen. Und war ich nicht schon lange wieder neugierig, wollte wissen, was ist und was kommt? Eines Tages starrte ich auf ein Bild in der Zeitung, die Photo-

graphie eines Raumfahrers, den man nach vier Stunden wieder aus seiner Kapsel geholt hatte, und noch hatte er die Erde gar nicht verlassen und sah doch aus – so grau, so zerfurcht, so erschrocken, so erhaben, als sei er bereits dort gewesen, wo man ihn hatte hinschießen wollen, in der äußersten Einsamkeit und Gefahr.
Was sagt eine Frau zu ihrem Mann, ehe er in den Weltraum geschossen wird, die Journalisten haben das wissen wollen, ich wollte es auch wissen, obwohl dieser Mann ja nichts anderes war als ein Todkranker, mit einer winzigen Chance davonzukommen, und auch einem Todkranken lächelt man schamlos tapfer in das graue erhabene Gesicht. Und dann stellte ich mir vor, wie das kleine Gehäuse wirklich die Erde verließ. Wie der Mann auf seine Knöpfe drückte, wie seine Lämpchen aufglühten und dann wieder erloschen, wie er maß und ablas und dabei dahinschoß, eine lebendige Seele durch lauter abgeschiedene Seelen, und wie seine klugen Geräte alles wahrnahmen, nur eben diese Schwärme von Seelen, die die Erde umkreisen, nicht.

Mit Erstaunen, ja, mit Entsetzen erfuhr ich bald darauf, daß die erwähnten, überhaupt nicht auszudenkenden Raumfahrten bereits Gegenstand öffentlicher Späße waren. Da, nämlich im Kabarett, wurde der Mann, der, festgeschnallt und künstlich am Leben erhalten, in der ungeheuren Schwärze des Weltraums die Erde aufgehen sieht, zu einem recht armseligen Helden namens Billy, dessen Schicksal uns von seiner Ehefrau trällernd nahegebracht wurde. Noch sechzig Jahre, noch achtzig Jahre mußte er, wohl einem technischen Versehen zufolge, um die Erde kreisen, was bedauerlich, aber doch auch wieder beruhigend war, da seine Frau ihn auf seiner Bahn jederzeit kontrollieren und er sie auf keinen Fall betrügen konnte. Am Ende sang das hartherzige Geschöpf Billys Kindern ein Schlaflied, wobei es sich der Worte und der Melodie des unsterblichen

»Der Mond ist aufgegangen« bediente, nur daß eben nicht der Mond, sondern Billy gerade aufging, übrigens über dem Altersheim und mit Kurs nach Nordost oder Nordwest. Die Kabarettsendung kam über den Rundfunk und gehörte zum Feierabend, an dem uns so viel und so vielerlei geboten wird, so daß etwa zur selben Zeit, in der der arme Billy besungen wurde, im Theater der Judenschauer von Andorra, ein kleiner fetter, grausamer Beamter, kurzbeinig über die Bühne ging, ein belgischer Geiger in der Violinsolosonate von Bartók das einzige Instrument wie ein Orchester erklingen ließ, auf der Filmleinwand eine Leiche im Koffer versteckt wurde und wieder auf der Bühne Penthesilea aus einem großen Metallbecken helles klingendes Wasser schöpfte und es sich mit unschuldigem Entzücken über die blutverschmierten Wangen rinnen ließ, während die Amazonen angesichts dieser unbegreiflichen Unschuld das nackte Grausen überkam. In solcher Vielfalt zieht am Feierabend, wie der Mond und Billy, das Leben noch einmal am Himmel auf, verwandelt, aber nicht weniger aufschlußreich, ein Singen und Spielen, das vor Mitternacht nicht wieder zur Ruhe kommt. Vorspiegelung plattesten Leichtsinns und erhabenster Gefühle, Zuchtrute und Balsam, und was am tiefsten empfunden wurde, wirkt am nachhaltigsten, was dem Vorspiegler den Schlaf geraubt hat, nimmt man mit in den Schlaf. Die Sprache von heute hat vor der Sprache von gestern keinen Vorrang, Mißverständnis und Wahn sind allezeit wirksam, ebenso wie die Unschuld des Vergessens, die Entsetzen erregt. So daß, wenn das glitzernde Karussell endlich stillsteht, man eben dem nachsinnt, was einer der Welt abhört und absieht und wie er es verwandelt und wieviel er hinzutut von seiner eigenen Lebenskraft, seinem eigenen Fleisch und Blut. Denn der Aderlaß gehört zur Hexenküche, vielleicht muß man auch selbst in den Kessel springen und kommt dann verjüngt heraus oder gar nicht mehr und hat doch an keines von beiden, weder an die Verjüngung noch an den Tod, gedacht.

Wieder Schnee, in dichten Flocken fallend, die sich aber, noch ehe sie die Asphaltstraßen erreicht haben, auflösten wie ein Spuk. Erste Reisevorbereitungen, zu denen auch die Pockenimpfung gehörte. Im Wartezimmer des Arztes sah ich in einer Zeitung die Anzeige eines Familientages, den ich mir sofort vorstellte, aber mit den Gestorbenen, die doch eigentlich bei einer solchen Veranstaltung nicht fehlen durften. Das Nebeneinander, nicht Nacheinander, von Leben und Tod müßte auch bei einem heute geschriebenen Familienroman das Entscheidende sein. Ein sozusagen ewiger Familientag, bei dem auch die Toten, und zwar in der Form, in der sie der Nachwelt noch gegenwärtig sind, erscheinen. Eine verlockende Aufgabe, aber unsere Familie ist, obwohl noch ein Urgroßvater acht Brüder hatte, klein, und wir haben nicht viel erzählt bekommen, nicht einen Bruchteil von den herrlichen Geschichten, mit denen die Mutter Thomas Wolfes ihren gierigen Sohn versorgte. Natürlich benehmen sich die alten Toten, von denen man nur eine einzige Geschichte weiß, bei einer solchen Zusammenkunft ganz automatenhaft, eben entsprechend dieser einen Geschichte: Dem Großvater fliegt durch ein offenes Fenster eine Schwalbe an die Brust und fällt dann tot zu seinen Füßen nieder; im Ballsaal steht er und verfolgt mit stechenden Blicken seine tanzende Tochter. Eine Tante geht in Trauerkleidung auf den Bahnhof, umringt von johlenden Masken, die ihr den Weg nicht freigeben wollen zu der Leiche des Bruders, der sich, mitten im Karneval, das Leben genommen hat. Ein Urgroßvater ordnet seine Münzsammlung, ein anderer malt mit Wasserfarben seine hübschen Mätressen, noch weiter zurück wird zum Dank für eine Tat der Nächstenliebe das goldene Kreuz von Salamanca einem badischen Leutnant überreicht. Die Münzen sind nicht mehr da, das Kreuz ist nicht mehr da, alles nur Legenden und Spiel beim Familientag, der nie stattfindet oder immer und bei dem auch der Minister auftritt, wie er am Ballhausplatz Dokumente unterschreibt, und in Zweibrücken eine beständig ihren letzten Seufzer aushauchende schwindsüchtige Braut. Die schon zu meinen Lebzeiten Gestorbenen haben mehr zu sagen und sagen noch weniger, sind nicht auf eine Geschichte zu verengen, können nicht von einem einzigen Blickpunkt aus betrachtet werden. Statt wie die Alten lächerliches Marionettentheater zu spielen, wachsen sie immer noch und bekommen etwas Drohendes, das jede, auch die einsichtigste Annäherung verwehrt. In der Versammlung von arglosen Gespenstern und unfertigen Lebenden sind sie die eigentlich Interessanten, jedes Verstehen und Mißverstehen ist noch möglich, ihre Geschichte könnte noch geschrieben werden, wenn sich dem nicht ein geheimes Verbot, beinahe ein Fluch, entgegenstellte. Welches Kind, das seinen Vater zu Tränen erschüttert sieht, schliche nicht still aus dem Zimmer, und was ist ein Menschenleben anderes als eine Kette von Erschütterungen, von denen die vorletzte das Alter ist und die letzte der Tod. Da könnte, etwa bei meinem Vater, das Blühen und Wirken, das Schönsehen und Großsehen und die Macht seines schön- und großsehenden Blickes noch so eindrucksvoll geschildert werden, es wäre der ganze Mensch doch nur, wenn auch die Zeiten der Menschenfeindschaft und Weltflucht, eben der großen, alle Weltliebe wieder in Frage stellenden Erschütterungen zum Ausdruck kämen. Seltsames Schweigegebot, das wirkt, bis der letzte Rest der schönen Skelette zerfallen ist, bis die, die noch wissen, keine Lust mehr zum Reden haben, bis die Teilnehmer am Familientag nur noch die weißen Haare und kohlschwarzen Augenbrauen sehen und einen Schimmelreiter, der in den Schatten- und Sonnenflecken des alten Trottschopfs sein Pferd zur Levade erhebt.

Februar
ein Polizist in Zivil
sitzt am Schreibtisch

ein schwerer Mann
der einen Apfel ißt
und schilt und schreit.
Alle bekommen seine Macht zu spüren
sein ödes Zuhause
seine Erinnerungen
einige finden später in ihren Papieren
schwarze glänzende Kerne
der Apfelbaum
steht irgendwo am Hang
von Schnee bedeckt
seine Knospen schwellen.

In der Baugrube an der Ecke
hat ein Lastwagenfahrer
mit seinem Wagen voll Kies
sein eigenes Kind plattgewalzt
es war zu klein
erschien im Rückspiegel nicht
seine Stimme war zu hell
die Motoren dröhnten
als es rief, komm zum Essen, Vater.

Zwei Straßen weiter
weiß ich noch eine Ruine
kenne noch Zimmer
mit Himmel austapeziert.
Einiges offenbar
wird nie wieder aufgebaut
aus einigen Fenstern noch
winken Akazienarme
kein Licht am Abend.

Zu dem Bild einer Stadt im Winter
gehören die Möwen
die zu Fuß gehen am schneeigen
Ufer des Flusses
langbeinige fremde Vögel
und der Eisregen, der fällt
zwischen Gesicht und Gesicht
und der Zusatz im Telefonbuch
Hilfe für Selbstmörder
Zwonullnullsiebenfünfsieben.

Einer erzählte mir heute
von einem fremden Land
einem Volk von Spielern
von Tausenden, die auf der Straße
stehen am Abend
weinen und schreien
wenn ich statt der drei eine vier
und ich wünschte, ich wäre schon dort
im Meerwind unter den Palmen.

Denn hier ist es totenstill
meine Besucher
ziehen ihre Mäntel an
gehen die Treppe hinunter
wohin eilt ihr so freudig?

Ich horche auf eure Schritte
eh ich mich umdrehe
an mein Geschäft zu gehen
das einsame
unbegreifliche.

Das vorstehende Gedicht fand ich in meinem Tagebuch zwischen den Seiten 14. und 15. Februar. Ich war damals auf der Polizei, um mir für die große Reise die nötigen Papiere zu beschaffen. Ich erinnere mich an einen großen dicken Mann, der einen Apfel mit der Schale aß, auch daran, daß ich zuerst sehr unwirsch, dann plötzlich mit der größten Höflichkeit behandelt wurde, so als habe jemand eingegriffen, was aber gar nicht der Fall sein konnte, da während meines Aufenthaltes auf dem Revier keiner der Beamten das Zimmer verließ. Den Spaziergang am Main machte ich mit einem jungen Mädchen, das gerade die unglaublichsten Stöße erhalten hatte, sich aber nichts anmerken ließ, vielleicht selbst nicht einmal merkte, wie es geschüttelt wurde, sich jedenfalls völlig aufrecht hielt, spröde, anmutig und glasklar, keines Rates und keiner Hilfe bedürftig. Übrigens auch gepanzert wie eine goldene Nuß gegen das Draußen, gegen das ich mich so schwer abschließen kann, schwarzes, gesprenkeltes Wasser, Schluchtenwind des Flußbettes, Jahreszeit und Ewigkeit, so daß ich bei Gesprächen draußen meistens zerstreut bin, zu viele Mitspieler, Mitredner sind da, die den Dialog stören. Auch zu Hause gab es Mitredner in Gestalt von gewissen Gegenständen, auf die aber der Blick nicht immer zu fallen brauchte, die sich auch oft hinter der Tarnkappe der Gewohnheit verbargen. Immerhin wünschte ich mir schon damals oft eine neutralere Umgebung, etwa in der Art der kahlen Arbeitszimmer jüngerer Schriftsteller, weiße Wände, Büchergestelle aus Metall, elektrische Schreibmaschine und Tonbandgeräte, alles von heute, zu bestimmtem Zweck angeschafft und ersetzbar, sobald es diesen Zweck nicht mehr erfüllt. Mein Erbe belastete mich, auch das Erbe meiner früheren Jahre, nahm meine Einbildungskraft gefangen wie der Fluß und die Wälder, lenkte ab von dem, was gerade gedacht, getan werden mußte. Den bronzenen, von Grünspan zersetzten Armleuchter haben wir in einem Keller in der Nähe von Positano gefunden, er lag in der Asche des Vesuvs, im Jahre 70 v. Chr. war die Asche über den hohen Berg Faito geflogen und vom Wasser in die Keller geschwemmt worden, schon das eine Geschichte, der nachzusinnen war, wie der rührenden Bewegung des kleinen Eroten, der, am äußersten Ende des bronzenen Rankenwerkes schwebend, mit seinen hoch erhobenen Armen eine Fackel hält. Der persische Reiter, eine weiß, grau und leuchtend blaue Kachel, lag einmal auf dem Schreibtisch meines Vaters, wo er Papier beschwerte. Er reitet über eine mit großen Blumen bedeckte blaue Wiese, vor einem Hintergrund von Bäumen und kleinen Moscheen. Das weiße Pferdchen hebt zierlich den rechten Vorderfuß und blickt schwärmerisch gen Himmel, der junge Reiter, der mit einem langen geschnürten und gegürteten Rock, einer Pelzmütze und hohen Stiefelchen bekleidet ist, trägt einen bunten Falken auf der erhobenen Hand. Auf der unebenen, stark glasierten Fläche spielt das Licht, so daß die kleinen Wölkchen im Himmel und Jüngling und Pferdchen sich zu bewegen scheinen. Ein Traumprinz in einer Traumlandschaft auf einem Packen unbeantworteter Briefe, und in der Schublade in einem feinen Seidenkästchen der Jadering Bi, von meiner Schwester in Peking erworben, Zeichen des Himmels und Fruchtbarkeitsbeschwörung, früher zusammen mit dem Erdzeichen auf dem Altar wie eine christliche Monstranz gezeigt. Zartes Graugrün, leicht versintert, Farbe der Meereswellen an Tagen des Südwindes, wenn die Sonne sich hinter den Wolken versteckt. Fremde Welt, wie der junge Falkner, wie der Liebesgenius mit der Fackel, und doch von Menschen gemacht, die am Hier und Heute nicht genug hatten, so wie ich nicht genug habe, und säße ich in meinem ersehnten kahlen Zimmer, sähe ich mir wohl, wie Kinder es tun, Gesichter und Fabeltiere in den Verputz der Wand.

Es war nicht zu leugnen, daß ich auf meiner Suche nach Wahrheit in den ersten Monaten des neuen Jahres wenig vorwärtskam, vielmehr oft auf der Stelle trat, rechter Fuß, linker Fuß, über ein unsichtbares Seil hüpfen, das kann am Ende auch zu einer Art von Tanz werden, einem berauschenden Tanz. Man kann sich dabei in die Erde hineintreten, mehr und mehr schwarze Erde, Wurzeln, kleine Rinnsale, oder auch sich über die Erde erheben, seht doch, schon berühren meine Füße den Boden nicht mehr. Die Welt um mich herum mochte stillstehen, aber was stand denn still, zumindest drehte sich mein Stern, meine Standfläche, von der Sonne weg und wieder zu ihr hin, da wurde es ganz ohne mein Zutun Mittag, Nachmittag, Abend, Nacht. Drei Stockwerke hatte ich schon durchgetreten, Wohnstube X, Wohnstube Y, Arztwartezimmer, nun war ich im Keller, aber zugleich auch auf dem Dache, zwischen Schornsteinen und Fernsehantennen, und hatte einen hübschen Blick über die nackten Bäume der Anlagen aufs bescheidene blaue Gebirge. Warum soll man immer vorwärtskommen, wohin überhaupt, und Dinge erforschen und Menschen erforschen, hinunter, hinauf, zwei Dimensionen genügen, es sind übrigens auch die endgültigen für jeden, der sich nicht damit begnügt, mit seiner Materie die Friedhofsblumen zu speisen. Ich gab mich damit nicht zufrieden, ich wollte auferstehen, also übte ich mich im Tanz, wobei es mir auch manchmal gelang, auf dem Kopf zu stehen, jedenfalls immer leichter zu werden, was zur Folge hatte, daß auch die Dinge leichter zu werden und zu tanzen begannen. Ich habe solche Zeiten, Tanzzeiten, schon früher gehabt, was ganz wörtlich zu verstehen ist, Tanzbewegungen nach Radiomusik vor dem Schlafengehen, auch oder gerade in den bedrohlichsten Lagen, aber auch unwörtlich als einen Zustand des Gleitens und Schwebens, auch des inneren Lächelns, das weit entfernt von einer verbissenen Gottsuche mich doch am nächsten zu dem hingeführt hat, was den Gläubigen als Gegenwart Gottes erscheint. Aus diesem Grunde wahrscheinlich war die mir liebste Legende immer die Geschichte des Kindes, das in der Nonnenschule wenig taugte, die Kerze bei der

Prozession schief hielt, weiße Schneeballen und schwarze Disteln in die Altarvasen steckte, sich auch davor graute, die nackten bleichen Gipsfüße des Gekreuzigten zu küssen. Das aber einmal, in der dunklen Kirche alleingelassen, vor dem Bild der Madonna den schönsten Tanz ausführte, barfüßig, anmutig wie ein Engel und selig, nun doch auch etwas beizutragen zu der Gloria Dei, die die Sonne am Nachmittag im Strahlenfenster aufleuchten ließ. Leicht und doch nicht töricht zu schreiben, hatte ich von jeher im Sinn gehabt, das hätte dem Tanz der Nonnenschülerin entsprochen, aber da versagte die Hand, versagte auch die Sprache, so als seien ihre Worte schon mit menschlicher Schwermut und mit einem langen Schicksal (Unruhe, Heimatlosigkeit, Gemartertwerden) durchtränkt und es könnten nur Töne und Farben noch aus dem Urgrund aufsteigen und sich zu heiter schwebenden Gebilden zusammenfinden. Mir jedenfalls gelang das Leichte nur nebenbei, nur die Tanzschritte im dunklen Zimmer, das süße Auf-der-Stelle-Treten der Gedanken, und ein unsichtbares von mir geschwungenes Seil glitt über meinen Kopf und unter meinen Füßen hin.

Hellblauer, reiner Märzhimmel und üppiger Amselruf aus nassen schwarzen Zweigen, nachts am Himmel das Boot ohne Mast und Segel, auch ohne Insassen, aber stetig weiterwandernd, zierlich geformt und silberweiß. In den Auslagen Karnevalsflitter, Kronen und Indianerfedern, Sonderangebot an Schallplatten und Papierschlangen und neueste Nachrichten von einer Grubenkatastrophe, da drehte sich im Freien das Rad, da schaffte der Förderkorb die Helfer hinunter und die Toten ans Tageslicht, zu Hunderten lagen sie in langen Reihen unter Zeltplanen, ein schwarzverbrannter Fuß, ein paar nackte verkrampfte Hände schauten heraus. Die Nation sollte das Tanzen und Jubeln lassen, wenigstens ein Wochenende lang, war aber nur schwer dazu zu bringen, nicht weil das Jubeln so lockte, aber weil Geldverluste zu befürchten waren. Wenn man so etwas erfährt, ist es gleich aus mit dem Nichts-mehr-Wissen-Wollen, Auf-der-Stelle-Treten, Unter-die-Erde- und In-den-Himmel-Fahren, da nützt es auch nichts, daß man sich schämt, ein Hiesiger oder gar ein Mensch zu sein. Wenn niemand verzichten will, die Gastwirte nicht auf ihre Einkünfte, die Algerienfranzosen nicht auf ihr Algerien, müßte man zunächst einmal selbst verzichten, zum Beispiel auf dieses freie und nachdenkliche Schriftstellerleben, und etwas machen, was man zweifellos schlechter macht, wodurch man aber den kleinen Schatz der freiwilligen Liebe um ein winziges vermehrte. Muß dieser Stern denn untergehen, hörte ich eines Abends Nelly Sachs' prophetischen Schuster Michael verzweifelt rufen und spürte, er müßte nicht, müßte nicht, wenn alle bereit wären, von etwas zu lassen, was sie aber gerade deshalb nicht können, weil ein Untergang in der Luft liegt, der den Ersättlichsten unersättlich macht. Die Freiheit ist mit der Unersättlichkeit verhängnisvoll gekoppelt, der kleinen Freiwilligkeit haftet zumindest in den Augen der jungen Menschen etwas von der stillen Schäbigkeit der Heilsarmee an. Wer das Motiv seines Verzichts unter die Lupe nimmt, ist nicht sicher, ob er nicht nur etwas für sein eigenes Seelenheil unternehmen will, eine Vorstellung, die jeden aufrichtigen Menschen anwidert, wer will denn gerettet werden, wo so viele verurteilt sind. Auch solche Erwägungen waren natürlich Teufelsgeflüster, wie das Traumbild der Vollkommenheit (Vollkommenheit eines Verses, einer Seite Prosa), das ich mit dem Entschluß, Spitalböden zu scheuern, fallenlassen mußte. Ich wußte aber bereits, daß ich es nicht fallenlassen würde, ich hielt mich an ein Wort des alten Fischers und Jägers, laß die, die es wollen, die Welt retten, wenn du nur dazu kommst, sie deutlich als Ganzes zu sehen. Daß ich dabei ein schlechtes Gewissen hatte, daß ich mir bewußt war, schuld zu sein, wenn dieser Stern unterging, dieses Unbehagen war alles, was ich leistete, und natürlich war es um nichts mehr wert, als das Unbehagen eines, der auf seinen Luxuswagen nicht verzichten will. Unbehagen rettet nichts, Wunderglauben auch nicht, und wer die Erde als Ganzes sieht, gewahrt einen riesigen Kranken, an dessen Körper in jedem Augenblick eine neue Wunde aufbricht und dessen rauher stoßweiser Atem dem Galgenhumor der Schlagermelodien einen finsteren Kontrapunkt setzt. Ja, ein Kranker ist es, um den wir in weißen Kitteln herumhocken, unser Lager haben wir bei ihm aufgeschlagen, beobachten und füttern ihn, was nicht hindert, daß er eines Nachts über unsere schlafenden Glieder hinwegsteigen und das Haus in Brand setzen wird. Und vielleicht wäre er doch noch gesund geworden, vielleicht hätte ihn die Liebe geheilt.

Das Wetter sprang alle Tage um, heute seidenblau, morgen finsterschwarz, mit einzelnen geschleuderten Regentropfen und starkem Wind. Ich erwachte einmal mitten in der Nacht, weil ein Rolladen klapperte, und erinnerte mich eines Traums, den ich gerade gehabt hatte und der mich mit Unbehagen erfüllte. Ich mußte in diesem Traum vor einem großen Publikum lesen und hatte meine Bücher und Manuskripte vergessen, was sich erst herausstellte, als ich schon auf dem Podium stand. Zwar wurden mir jetzt, wahrscheinlich von den Veranstaltern des Leseabends, von allen Seiten eifrig Bücher gebracht, doch trugen diese Bücher fremde Titel, und kein einziges Wort, das in ihnen gedruckt war, stammte von mir. Während ich in immer wachsendem Schrecken überlegte, welche meiner Geschichten und welches meiner Gedichte ich wohl auswendig herzusagen wüßte, mich aber an keine einzige Zeile erinnern konnte, näherte sich auf der Straße ein Festzug mit Musik und Elefanten, Flittertänzer fuhren auf goldverkleideten Wagen in der Dämmerung vorüber, und meine Zuhörer strömten auf die Terrasse, das ungewöhnliche Schauspiel zu sehen. Ich war erlöst, gerettet, aber nicht wirklich, nicht für immer, da bald ein heftiger

Regen einsetzte, der die Leute in den Saal zurücktrieb, wo sie wieder auf mein Vorlesen zu warten begannen. Ich stotterte ein paar Worte, blätterte in einigen plötzlich vor mir liegenden losen Papieren,von denen aber, sobald ich sie meinen Augen näherte, die blasse Maschinenschrift verschwand. In der allgemeinen Ratlosigkeit meldete sich eine uralte Frau, die sich früher einmal einige Gedichte von mir abgeschrieben hatte, sie kam aufs Podium mit einem Häufchen kleiner, mit winziger Schrift beschriebener Blätter, die aber weder sie noch ich, noch irgend jemand aus dem Publikum entziffern konnte. Der Vorhang hinter dem Podium bewegte sich, ich erkannte die Umrisse eines Mannes mit einem Revolver und schrie um Hilfe, was niemand zu hören schien. Der Mann kam nicht heraus, schoß auch nicht, sondern murmelte hinter dem Vorhang: Sie haben nichts für mich getan. Wieder die Terrasse, die Straße, das Feld gegenüber, die Zuhörer verlaufen sich, drüben im hohen Gras stehen zwei Mähnenschafe mit geringelten schwarzen Hörnern. Eines der Schafe wird von dem andern auf die Hörner genommen und wieder fallen gelassen, wonach es unbeweglich liegenbleibt. Nachgefühle des Traums: versagt zu haben, etwas Verlangtes nicht geleistet zu haben, auch Angst, die übrigens neuerdings die Grundstimmung aller meiner Träume ist. So verzerrt der Traum in seiner Unbeherrschtheit das Leben, während wiederum dieses wahre Traumsituationen erfinden und durchführen kann. Ich erinnerte mich an das bereits angedeutete Erlebnis meiner Tante im Mainzer Karneval, könnte aber auch von mehr als einer eigenen Erfahrung berichten. So etwa davon, wie ich, zu einer in einem großen Hotel stattfindenden Abendgesellschaft geladen, kurzsichtig und zerstreut den Saal betrat, zuerst nach den Gastgebern, dann nach irgendwelchen Bekannten vergeblich suchte, mit verwunderten und kalten Blicken gemessen wurde, Traumängste litt, bis sich schließlich herausstellte, daß der Hoteldiener eine falsche Tür für mich geöffnet hatte. Den Träumer zu erschrecken, ihn bis auf die

Knochen zu blamieren, scheint die geheime Absicht des auch oft am Tage wirksamen Schlafgottes, der ja auch gern Kleidungsstücke wegnimmt, ja, die ihm Anvertrauten mit Vorliebe nackt auf den Marktplatz stellt.

Neben Späßen, wie einer im Tagebuch geschilderten, aber hier nicht wiederzugebenden Szene im Wachsfigurenkabinett, kam mir jetzt in den Sinn, was auf ernsthafte Weise zu tun wäre, noch getan werden müßte. Zum Beispiel wollte ich gern die Geschichte des Kindes Elisabeth von Ungarn erzählen oder auf die Bühne bringen; die zehn entscheidenden Jahre ihres kurzen Lebens, das ein einziges Versagen und ein einziger Mißerfolg war. Eine törichte Jungfrau und eine kluge doch auch wieder, ein Ärgernis für alle auch im christlichen Sinne vernünftig Denkenden, aber eine echte Braut für den himmlischen Bräutigam, der ja schon in der Zeit seiner irdischen Verkörperung den kindlich Einfältigen mehr als den Superklugen zugeneigt war. Elisabeth war nicht nur töricht, sondern auch starrsinnig, eine testa dura, und vermutlich schwer zu ertragen, trotz aller heiteren Spiellust und Singlust, von der berichtet wird. Was sie schon als Kind vom Spiel weg und in die Kirche trieb, war wohl ein Gefühl der Vereinsamung, besonders als von zu Hause, aus Ungarn, die schlechten Nachrichten kamen, der königliche Vater vertrieben, die Mutter ermordet, und schon war Elisabeth, die man als zukünftige Gemahlin des zukünftigen Landgrafen von Thüringen auf der Wartburg aufgezogen hatte, eine kleine Bettlerin, derer man sich nur zu gern entledigt hätte. Heimweh und Kränkung also, oder eine Reihe von kleinen Kränkungen, wer weiß, wie das noch endet und ob man das Kind nicht eines Tages nach Hause schicken wird. Zu Hause ist das Chaos, auf der Wartburg die Unsicherheit; der einzige, der sich nie verändert, ist der Herr Jesus, dem es sich anzuvertrauen gilt. Der Spielgefährte Ludwig, der zu seiner kleinen Braut hält, ist beinahe so lieb, beinahe so zuverlässig, aber eben doch nur beinahe, weil er von Fleisch und Blut und also sterblich ist – man darf nicht vergessen, daß im Mittelalter der Tod, mächtiger als heute, kein Lebensalter verschonte. Zwei fromme Kinder also und dann ein frommes Fürstenpaar, aber Elisabeth immer um ein paar Grade hitziger, maßloser in ihren Forderungen an ihre Umgebung und an sich selbst. Für das höfische Wesen, die adlige Kultur, für Turniere und Feste, Minne und Minnesang hatte sie offenbar nicht das geringste übrig, jeder Pfennig, der für solche doch in der Tradition des thüringischen Fürstenhauses stehenden Vergnügungen ausgegeben wurde, ärgerte sie, da man ihn den Armen entzog. Eine kleine Wilde aus der Pußta, ein Geschöpf, das, weil es an den höfischen Spielen keinen Gefallen fand, nicht nur gegen die neuesten Moden, sondern gegen alle Kultur rebellierte? Das mag eine kleine Wahrheit sein – die entscheidende ist es gewiß nicht. Elisabeth kennt keine ästhetischen Freuden, sie empfängt ihre Botschaften nicht von den Dichtern, sie braucht keinen höfischen Rahmen, der sie bestätigt und erhöht. Sie ist als eine Heimatlose geboren, und die erste Botschaft, der sich ihr Herz stürmisch öffnet, ist die des heiligen Franziskus, die Lehre von der freiwilligen Heimatlosigkeit, die einen bettlerhaften, immer unsicheren Zustand souverän, das heißt zu einem heimlich triumphierenden Königtum macht. Als Ludwig vom Kreuzzug nicht zurückkommt, ist alles dahin, was der Maßlosigkeit und Unbedingtheit ihres religiösen Gefühls noch sanfte Zügel angelegt, ihr noch eine Heimat im Irdischen vorgespiegelt hat. Jetzt kann sie den Freiheitsweg antreten, und gewiß hat ihre Verzweiflung über Ludwigs Tod ihr zu den ersten Schritten die Flügel verliehen. Einen anderen irdischen Bräutigam als den Bruder Ludwig kann es nicht geben – aber hatte nicht auch er, der sehr Geliebte, sich zwischen Elisabeth und den himmlischen Bräutigam gestellt? Er gehörte trotz all seiner Frömmigkeit der Welt, und die gewiß nicht historische Legende vom Rosenwunder bedeutet doch nur, daß sich der besessen Frommen, besessen Mildtätigen die vielleicht auch fromme, aber dabei doch vernünftige Welt in den Weg stellte, da müssen aus den Brotlaiben Rosen werden, um die Unvernunft vor Schelte zu schützen. Jetzt stellt sich niemand mehr in den Weg. Elisabeth kann die Wartburg verlassen und franziskanisch leben, ein paar Tage lang wenigstens, vielleicht nur eine Nacht lang, die Nacht, in der sie die Minoritenbrüder einen Jubelgesang anstimmen hört und in ihrer kalten, stallähnlichen Unterkunft glücklicher ist als in jeder Liebesnacht, an jedem Liebestage zuvor. In einem Schauspiel oder Hörspiel »Elisabeth« müßte diese Nacht das Kernstück und der Höhepunkt sein. Der Augenblick der Freiheit – der dann auch gleich wieder zu Ende ist, weil das törichte Kind gar nicht allein leben und schon gar nicht der Welt Trotz bieten kann. Demütigung ist süß, auch die Beschimpfungen der einst von ihr verwöhnten Armen sind süß, und niemals würde Elisabeth den Wunsch haben, ihnen zu entfliehen. Aber gegen die Welt, die geistliche nun, kann sie nicht kämpfen, auch als junge Schwester des Franziskus von Assisi nicht. Wer sich selber aufgegeben hat, vermag keinen Widerstand mehr zu leisten – darum kann der große Gegenspieler Konrad von Marburg jetzt eingreifen und sich seine Beute holen. Seine Beute: ein einfältiges und zugleich maßloses Herz, eine blutjunge Frau mit Ansprüchen auf ein Witwenerbe, auf die sie verzichten will, die man aber geltend machen und zugunsten der Kirche verwenden kann. Elisabeth, die Willenlose, versagt wieder, läßt alles mit sich und mit ihrem Erbe geschehen, findet eine Genugtuung nur noch in der Willenlosigkeit, in der Preisgabe ihrer Kinder, in den Geißelhieben, mit denen der ehemalige Beichtvater und spätere Ketzerrichter ihren Gehorsam erzwingt. So innig sich auch Elisabeth in dem von ihrem Geld errichteten Marburger Hospital der Kranken und Armen annimmt – der franziskanische Traum ist doch ausgeträumt und es kommen nun Augenblicke, in denen die kindliche, arglose Menschenliebe der früh Gealterten umschlägt in Bitterkeit und Haß. Auch eine solche Szene müßte das Stück wiedergeben, auch eine, in der gezeigt wird, wie Elisabeth, die nun Kinderlose, ihr Herz noch einmal an ein Kind hängt, der elendsten eines, das ihr dann auch noch weggenommen wird. Konrad von Marburg müßte mehr sein als ein rabiater Schläger und Denunziant, er müßte nach dem Weltsinn des thüringischen Musenhofes eine andere, der Elisabeth ebenfalls völlig konträre Macht darstellen, die männliche Vernunft, die geistliche Politik. Daß er nach Elisabeths Tod selbst, aber in einem ganz zerstörerischen Sinne, außer sich gerät, kann, etwa in einer Vision seines grausamen und kläglichen Endes, angedeutet werden. Das wichtigste aber ist doch Elisabeths Tod, ihr Noch-einmal-Singen-, Noch-einmal-Heiter-Sein-Wollen. Das Erlöschen des Kindes, das immer versagt hatte und immer ein Ärgernis war – und vor dessen Gebeinen dann der Kaiser Friedrich II. von Hohenstaufen, in ein franziskanisches Röckchen gekleidet, auf die Knie fiel.

Jeden gelüstet es einmal
Sich vor dem Spiegel
Abzubilden, Kopf oder ganze Figur
Da ist doch jemand
Dem man stündlich wieder begegnet:
Ein Mensch.

Also auch ich
Tu es mit sechzig Jahren
Blicke mein Spiegelbild an
Ohne Widerwillen
Mit wenig Liebe.

Diese meine Person
Von mittlerer Größe

Vergleichsweise schlank in den Hüften
Mit beträchtlicher Brust
Kurzhalsig leider
Und hält sich schlecht.
Man hätte ihr einen Krug
Auf den Kopf stellen sollen.
Hat sie denn keinen Stolz?

Rück mir näher, Person
Zeig dein junges üppiges Haar
Deine noch rosige Haut
Deine aufdringlichen dunkeln Brauen.

Spiel mir dein Mienenspiel vor
Begrüß mich wie einen Fremden
Lächelnd mit meerblauen Augen
Voller Erwartung
Voll von vergangenen Freuden.

Von weitem könnte man dich
Für eine Dame halten
Wären da nicht
Die Schatten unter den Augen
Spuren des Nachtmahrs
Und der vergeblichen Tränen.

Wüßte ich nicht
Wie du hinausläufst plötzlich
Ohne Hut und Handschuh
Weil dir danach zumut ist
Nach Luft, nach Blättern –

Laß dich noch hören, Person
Deine kratzige tiefe Stimme

Die so weit trägt, so weit
In den steingrauen kalten Aulen
Die den Gast so freudig begrüßt
Die am Abend so todmüde
Murmelt: Genug.

Überdruß les ich zugleich
Und Neugier aus deinen Zügen
Und die dich bewohnen
Die Worte
Geistern dir über die Stirn.

Am 8. März, als ich einer Erkältung wegen zu Hause bleiben mußte, habe ich mich mit meinem Spiegelbild unterhalten und bin dabei, vielleicht durch die mir unversehens gekommene rhythmische Sprache verführt, im Äußerlichsten steckengeblieben, während doch etwas ganz anderes, nämlich eine Art von Abrechnung mit mir selbst, entstehen sollte. Ich will das in Versen Ausgedrückte nicht ändern, auch nicht künstlich erweitern, da ja, wie ich beim Durchblättern sehe, diese ganze Niederschrift nichts anders als ein Selbstbildnis mit sechzig Jahren ist. Außerdem beschäftigte mich damals schon etwas Neues. Es war der Bericht eines jungen Mannes vom Tode seines Vaters und von allem, was mit diesem Tode, der Folge eines Verkehrsunfalles, zusammenhing. Das Ereignis lag schon mehrere Monate zurück. Ich hatte damals in die weit entfernte Stadt einen Kondolenzbrief geschrieben, jetzt saß der junge Mann bei mir und erzählte, übrigens in gefaßtem, beinahe munterem Ton. Was er da, weniger von Tod und Begräbnis als von einem darauffolgenden Erlebnis berichtete, konnte aber niemandem und am wenigsten ihm selbst gleichgültig sein. Dem jungen W. nämlich, nicht der Mutter, die zu jener Zeit einer geringfügigen Operation wegen im Krankenhaus lag, war es anheimgefallen, im Schreibtisch des Vaters die zur Beisetzung und zur Abwicklung des Erbgeschäfts notwendigen Papiere zusammenzusuchen. Dabei hatte sich schon herausgestellt, daß der Vater keinerlei Verfügungen getroffen, also ein mögliches rasches Ende nie ins Auge gefaßt hatte. Bei dem Unfall, übrigens dem Zusammenstoß zweier Flugzeuge, also einer äußerst seltenen Katastrophe, war sein Körper auf unvorstellbare Weise zerstückelt worden, so daß sich auch keine Brieftasche mit etwaigen Hinweisen, Geboten oder Verboten bei ihm fand. Eine schriftliche Bitte, wie etwa die, Frau und Sohn möchten den Inhalt seines Schreibtisches ungelesen verbrennen, bestand also nicht. Der Sohn mußte auf der Suche nach den unentbehrlichen Dokumenten alle Schubladen auf die Platte des Schreibtisches entleeren. Er las dabei dieses und jenes und immer mehr und war am Ende froh, daß ihm und nicht seiner Mutter diese Aufgabe zugefallen war. Um welche Funde es sich da handelte, erzählte der junge W. nicht, nur so viel, daß das Bild des Vaters, das er zeit seines jungen Lebens immer starr und eng umgrenzt vor Augen gehabt hatte, durch dieses Wühlen im Schreibtisch eine ungeheure und keineswegs nur im Sinne erotischer Freiheiten erschreckende Ausweitung erfahren hatte. Ich stellte keine Fragen, und der junge Mann fing auch bald an, von seinen eigenen Angelegenheiten zu sprechen, die er, wie mir schien, mit viel größerer Tatkraft als früher vorantrieb. Noch lange, nachdem er gegangen war, beschäftigte mich der merkwürdige und doch wahrscheinlich beinahe alltägliche Vorfall. Ich erinnerte mich an ähnliche Augenblicke des Staunens, bald erfand ich einen anderen Vater, einen anderen Sohn, dazu die Umstände, die zum Öffnen des Schreibtisches (dem schließlich aus der Geschichte des jungen W. einzig übriggebliebenen Requisit) führen sollten. Über diese Dinge machte ich mir Aufzeichnungen, denen ich noch einige Gedanken über das Überleben hinzufügte. Der junge W. war mir, und zwar durch die bloße Tatsache, daß er seinen Vater überlebt hatte, gewachsen, zudem erfrischt und belebt erschienen. In meiner Geschichte, einer irgendwann einmal zu schreibenden, mußte etwas Ähnliches geschildert werden, nur eben unheimlicher und so, als habe sich der Sohn, ohne es zu wissen, von dem Blut des Toten ernährt.

Daß man doch niemals ganz dort ist, wo man gerade ist, vielmehr an mehreren Orten zugleich, so daß sich jeder Mensch von seiner aus diesen mehreren Orten zusammengesetzten Lebenslandschaft ein Bild malen oder eine Landkarte zeichnen könnte: ob Gemälde oder Landkarte, es würde dabei auf jeden Fall etwas höchst Kurioses herauskommen, eine Zusammenschau von nicht Zusammengehörigem, wie gewisse Bilder des achtzehnten Jahrhunderts, auf denen neben nördlich ländlichen Schenken und Hütten mondweiße italienische Paläste, neben Mühlen und Schweineställen zerbrochene Statuen und Tempelruinen zu sehen sind. Bei mir durchdrangen sich vor allem drei, mir besonders vertraute Orte: das badische Dorf, das meine eigentliche Heimat ist, die mittelgroße und abgesehen von ihren Flußufern und einigen Alleen und Gärten häßliche Stadt, in der ich wohne, und Rom, wo ich so viele Jahre zugebracht habe und wohin ich auch jetzt noch alljährlich zurückkehrte. Diese drei Schauplätze waren mir immer gegenwärtig, keineswegs hatte der Ort, in dem ich mich gerade in Fleisch und Blut befand, irgendeinen Vorrang, und nicht notwendigerweise mußte ich die Augen schließen, um in den Taunushügeln das Albaner Gebirge, in irgendeiner gleichgültigen Geschäftsstraße die Via Condotti zu sehen. Wenn ich zu Hause am Schreibtisch saß, hörte ich in dem Klappern der Mülleimer das Geräusch der Dreschmaschine in der Nähe des Friedhofes von B., die Pappeln vor meinem Fenster verwandelten sich in die schiefen Zedernwipfel der Via Bertoloni, ich ahnte das junge Mailicht im ländlichen Apfelgarten, wenn ich in meinem Hofzimmer noch im Bett lag und durch meine schadhaften Rolläden in

Streifen und Kringeln das Sonnenlicht fiel. Neben dem Pantheon stand das zweistöckige, aber winzige ehemalige Rathaus von B., in dem jetzt ein Friseur seinen Laden aufgemacht hatte, sein bissiger weißer Spitz kläffte von der Mauer des tiefgelegenen Ruinenbezirks an der Piazza Argentina, wo die verhungerten Katzen wie hagere Schatten durch die Lorbeerbüsche springen. In den letzten alten Kastanienbäumen meiner Straße saßen die weißen Tauben vom heimatlichen Scheunendach, und an den Tagen, an denen die ozeanischen Winde wehten, roch ich nicht die Ausdünstungen des Industrieviertels, sondern das Meer. Den Weg über den Weinberg zu Hause, auch den Steineichenweg im Giardino del Lago konnte ich jederzeit einschlagen, wie meine Augen in den Schrebergärten der Vorstadt mit Leichtigkeit eine Pergola voll Tuberosen erblickten, wie der graue Fluß sich mir mit den springenden Delphinen der tyrrhenischen Küste belebte. Das Hier und Anderswo galt auch in bezug auf Menschen, die nicht da waren, aber mitsahen, mitsprachen, einige wenige natürlich nur, aber bei diesen wenigen spielte es keine Rolle, ob sie lebten oder gestorben waren, da in meinem Irrgarten auch die Stimmen der Toten an Frische nichts verloren. In diese von mir geschilderte verrückte Landschaft schoß ein Unbewußtes, Zukunftsbilder, etwa von meiner großen Reise, bemühten sich, unsichere Gestalt anzunehmen. Es wunderte mich manchmal, daß ich bei alldem noch einigermaßen bei Verstand blieb und das Notwendige mit Selbstverständlichkeit verrichten konnte.

Mitte März weniger Gesichte, weniger Träume, weniger ich- und du-bezogenes Plappern, auch im Tagebuch. Auch der letzte, in einem nahe gelegenen Städtchen stattfindende Vortrag weniger unheimlich, wenngleich die Umgebung (überhohes, in meiner Erinnerung zwei bis drei Meter hohes Podium, das Publikum in schlechter Beleuchtung wie aus der Vogelschau, erloschen, steingrau) wieder starkes Unbehagen in mir erregte. Ich war aber selbst merkwürdig abwesend, las wie im Schlafe, während ich mich in Gedanken damit beschäftigte, was noch zu tun sei, von mir noch zu tun sei, nicht vor der Reise, sondern in aller mir verbleibenden, nicht zu bemessenden Zeit. Die großen, bereits unzählige Male zu Gehör oder zu Gesicht gebrachten Stoffe waren am Ende die verlockendsten, Archetypen der Dichtung, die man immer noch in seiner eigenen Handschrift schreiben und denen man immer noch besondere, das heißt persönliche und heutige Züge verleihen kann. Einer der Vorwürfe, die mir unpassenderweise während meines Vortrages durch den Sinn gingen, war das Liebesmißverständnis, ein anderer die Machtlosigkeit des Alters, ein dritter die Beständigkeit des Menschen, sein Untergang und sein Sieg. Allein vom Thema ausgehen und sich das Menschenmaterial und die Requisiten dazu suchen, kann man wahrscheinlich nicht, es muß da in einem schon etwas lebendig sein, Gesichter, Gestalten und Stimmen, die zu dem einen oder dem anderen dieser ewigen Vorwürfe passen und die nun heraufdrängen, obwohl sie im wirklichen Leben, in unserer Erfahrung, vielleicht ganz andere Rollen verkörpert haben. Den Geschichten, die, wie man es heute gern ausdrückt, »das Leben schreibt« und die man unschwer nacherzählen kann, hat immer etwas anderes gegenübergestanden, die große, manchmal geniale Konstruktion, die nicht auf kleinen Einzelerfahrungen, sondern auf der Erfahrung vom Wesen des Menschen und von seinen Konflikten beruht. So ist die Penthesilea, die Geschichte eines tödlichen Liebesmißverständnisses, entstanden, so der Prinz von Homburg und der König Lear, so manche Erzählungen von James Joyce und Hemingways »Alter Mann und das Meer«. Ob die Handlung in der Historie oder im heutigen Alltag ihren Ort findet, ist dabei ganz gleichgültig. Etwas soll gesagt werden, und schon bieten sich lebendige Menschen als Blutspender an. Dürrenmatts alte Dame mit ihrem unersättlich Rache verlangenden Haß ist keine antike Tragödienfigur, niemanden kümmert, was später aus ihr wird, es ist undenkbar, daß ihr auf den Fersen die Eumeniden nach Capri ziehen. Das Thema des Schauspiels ist die Lebensversuchung der heruntergekommenen Kleinbürger und wie sie ihr erliegen und zu Mördern werden allesamt. Keine Erfahrung also, sondern ein »wie wäre es, wenn«, ein ausgedachter Fall, genial konstruiert. Das Werk eines Moralisten, wie wahrscheinlich alle gelungenen Konstruktionen Werke von Moralisten sind. Statt dem »such is life«, dem kleinen interessanten Ausschnitt aus dem großen Kuchen Leben, geben sie die Urgefühle, die uralten Wahrheiten und rücken sie ins Licht unserer Urteilskraft, auf eine Weise, daß ein friedliches Hin- und Darüberhinweghören nicht möglich ist. Immer sind wir gemeint, sind wir gerichtet oder errettet, wie das Gretchen im Faust, der eine Konstruktion par excellence ist. Darum die für alle Schreibenden bestehende Verlockung, nicht so sehr um sich, als in sich hineinzublicken, wo ja dieses alles, die Fremdheit der Geschlechter, die Heimatlosigkeit der Liebe, das Lebenwollen um jeden Preis, auch zu finden ist. Die Wiederholung des hundertmal und vielleicht hundertmal schon besser Gesagten erscheint uns gerechtfertigt, vorausgesetzt, daß das Alte neu gesehen wird und daß die eigenen Worte wirklich die eigenen Worte sind.

Wie selten die Erinnerungen geworden waren oder wie sie ihre Konsistenz verändert hatten in der letzten Zeit. Sie durchdrangen mich nicht mehr, ein Nebelfetzen flog vorbei, ich versuchte ihn zu halten, und wie oft geschah es, daß er mir unter den Händen zerrann. In Paestum einmal gab es frisches grünes Gras, stark duftenden Klee, blühende Pflaumenbäume und Judasbäume, auf den Metopen schwebten die Tänzerinnen paarweise anmutig davon. Häßliche fröhliche Mädchen aus Portici durchwanderten singend das Ruinenfeld, Krähen mit weißen

Häubchen umkreisten den Heratempel, auf einer Grabmalerei im Magazin saß die junge Tote feierlich, mit Wollsträhnen geschmückt, ihre Freundinnen rauften sich trauernd das Haar. Schwarze Pferde und rote Granatäpfel und nicht weit entfernt eine Kirche und eine Granatapfelmadonna, der man zu ihrem Fest kleine, mit Wachskerzen und Blüten gefüllte Schiffchen bringt. Schöne Küste, Tempelland, wo sich in der nachgriechischen Zeit die von den italischen Eroberern Unterdrückten alljährlich versammelten, um miteinander zu klagen und einander bei den alten unvergessenen Namen zu nennen. Frühling, beinahe schon sommerheiß, Ostern vorüber, Himmelfahrt in der Benediktinerabtei von Cava, der Abt rechts im Chorgestühl, mit langer Nase, wie ein Götzenbild stumm und starr. Die Wandlung das eigentlich Heilige und Unheimliche, die Kommunion, von dem Priester allein genossen, danach, ohne alle Feierlichkeit und flüchtig, ein Gläschen Wein aus winzigen Glaskännchen eingeschenkt und ausgetrunken, das Gläschen sorgfältig gereinigt und weggestellt. Pappacarbone hieß der heilige Gründer der Abtei, saß in der Schlucht und wurde einhundertzwanzig Jahre alt. Und schon wanderten wir weiter, zu Fuß, da stand der Weizen bereits mannshoch, während die Eichen gerade erst weißliche Blättchen trieben und selbst Buchen und Akazien noch lichtgrün sich zeigten im zartesten Laub. Am Weg unterm hohen Korn saßen zwei Bübchen, die hatten, geschickt genug, Eidechsen an lange Schilfhalme gebunden, die ließen sie in der Luft zappeln und tanzen, eine wunderliche Dressur. Da blieben wir stehen, du und ich, unter dem maiblauen Himmel und den blühenden Bäumen, und du holtest Geld aus der Tasche, das sollten die Kinder bekommen, wenn sie den Eidechsen die Freiheit gaben. Sie taten es auch sogleich, nur daß es über die Verrücktheit der Fremden ein helles Gekicher gab und daß die Buben, noch ehe wir um die Ecke bogen, schon wieder ausspähten nach ihren kostbaren Luftpferdchen, die das Weite gesucht hatten, die aber an ihren Bauchbinden und langen Schilfschwänzen gewiß leicht wieder einzufangen waren. Dein Lächeln, so heiter, so unempfindlich, als du's gewahrtest, und gleich darauf sahen wir unter uns die Bucht von Salerno, das Meer. Alles war Gegenwart, auch die roten Granatäpfel und die schwarzen Pferde, süße Gegenwart, und da war doch noch mehr, noch mehr, aber ich konnte mich nicht besinnen, wußte nur, daß ich ein Revenant war, einer, der gelebt hat und ohne dich nicht mehr lebt.

Die klein geschriebenen Buchstaben i.k.n.z., die ich auf einer Tagebuchseite ohne Datum finde, gehören zu einer Methode des Versteckens und halben Geheimhaltens, die ich auch in früheren Zeiten schon angewendet habe. Der Sinn der Buchstaben, an denen ein anderer lange herumrätseln mag, ist mir völlig klar. Es sind die Anfangsbuchstaben einiger einfacher Wörter, einer Vorausahnung oder, wie man jetzt weiß, trügerischen Gewißheit, i.k.n.z., ich komme nicht zurück; ich komme von dieser Reise nicht zurück. Verstümmeltes, wie im Tagebuch einer Vierzehnjährigen, der die Mutter nicht hinter die Geheimnisse kommen soll, die ihre unbeholfenen und rührenden Aufzeichnungen auch in der hintersten Ecke des Kleiderschrankes nicht sicher weiß. Nun, mir wühlte niemand die Sachen durch, niemand konnte sich, im Falle meines Zurückkommens, über meine Ängstlichkeit lustig machen. Das kindische Versteckspiel hatte einen anderen Beweggrund – was ich für wahr hielt, sollte doch nicht wahr sein, nur das laut Gesprochene, das voll Hingeschriebene ist wahr. Ich benahm mich trotzdem so, als glaubte ich daran, hinterließ auf meinem Schreibtisch, in einen Umschlag eingeschlossen, gewisse Anordnungen und versuchte sogar, nachdem ich mich in den Gedanken an ein mir drohendes Unheil völlig eingelebt hatte, mich noch im letzten Augenblick der Reise und damit diesem Unheil zu entziehen. Der Gedanke, wer zwingt mich eigentlich, wer kann mich zwingen, lag nahe, ich konnte mich, nach soviel schafsgeduldiger Gefügigkeit, weigern, diesen letzten Auftrag des Herrn Welter auszuführen. Ich muß es jedenfalls versucht haben, da sich unter den in meinem Tagebuch verteilten losen Papieren auch die Entwürfe zu verschiedenen Telegrammen befinden, in denen von plötzlicher schwerer Krankheit, Lähmungserscheinungen, Todesfall in der Familie usw. die Rede ist. Allerdings weiß ich nicht mehr, welches dieser Telegramme ich schließlich abgeschickt und wohin ich es gerichtet habe. Ich besaß von Herrn Welter, der selbst viel unterwegs war, verschiedene Hoteladressen, wo er sich augenblicklich aufhielt, wußte ich nicht. Eine Antwort habe ich nicht erhalten, sie vielleicht auch gar nicht erwartet, mir vielleicht nicht einmal gewünscht. Wahrscheinlich hatte ich schon damals gar nicht das Gefühl, mit Gewalt fortgeschleppt zu werden. Ich wurde gelockt, und der Lockvogel sang abwechselnd rauh und süß. So können die verstümmelten Worte auch etwas anders als einen erschrockenen Protest, nämlich ein stilles Nachgeben und Sichhingeben, bedeutet haben. In diesem Falle hätte das Versteckspiel nur dazu gedient, meinen Angehörigen, die solche Willfährigkeit gewiß gekränkt haben würde, Schmerz zu ersparen.

Bis zur Abfahrt des Schiffes in einem italienischen Hafen waren es nur noch acht Tage, und ich fing an zu packen, und zwar aus Angst vor der Panik verhetzter Abreisen nach einer von mir ersonnenen Methode »in den Schrank«, wo ich ein Fach zum Hängen und ein Fach zum Legen frei machte, um darin die für die Reise bestimmten Dinge unterzubringen. Jeden Tag fiel mir etwas in die Hand, das ich dorthin trug, reine Wäsche, Wollsachen, Nähzeug, Manuskriptseiten, Handschuhe, Notizbücher. Die über Bügel gehängten Kleider durften natürlich nicht mehr angezogen werden, was kein Kunststück war, da es sich um lauter Sommersachen handelte. Am Ende, das heißt am

Tag meiner Abreise, brauchte ich dann nur den Inhalt der Fächer in den Handkoffer und in den Reisesack zu verteilen. Bald schon würde alles volliegen und vollhängen, ein Trousseau von zwar nicht neuen, aber gereinigten und ansehnlichen Dingen für die Vermählung mit dem Unbekannten, der ich noch immer mit Angst entgegensah, der zuliebe oder zuleide ich auch allerlei Unwohlsein körperlicher Art hervorbrachte, während ich doch eigentlich zu ihr schon entschlossen war und eine wirkliche Flucht in die Krankheit mir nur schwer noch gelungen wäre. Obwohl ich mich mit meinem Vorhaben nicht wichtig gemacht, auch den Termin der Reise immer verschwiegen hatte, maßen mich die Freunde bereits mit erstaunten »Wie, noch da?«-Blicken, so schnell wird man abgeschrieben, auch von den Dingen, die sich ja ähnlich schon bei viel kürzeren und unbedeutenderen Abwesenheiten benommen hatten. Im übrigen sprachen sie, die Freunde, mir weiterhin Mut zu und wollten nicht verstehen, wie sehr mich manches, zum Beispiel die Tatsache, daß in Brasilien portugiesisch gesprochen wird, erschreckte. Kein Plakat, keine Zeitungsüberschrift lesbar, kein Ruf auf der Straße, kein Wort in der Elektrischen verständlich, ein Zustand der Verstümmelung, von dem ich vorausahnte, daß er mir die Zunge, auch die Schreibhand lähmen würde. Aus diesem Grunde habe ich in der Woche vor meiner Abreise, gewissermaßen vorsorglich, alle möglichen Erscheinungen in abgerissenen Sätzen wiederzugeben versucht, was ich übrigens von Zeit zu Zeit immer wieder tue und wozu mich wohl ein immer wieder auftauchender Wunsch nach einem umfassenden Bild der Jetztzeit bestimmt. So habe ich schon vor vielen Jahren einmal Pläne für ein Epos gemacht, in dem in lauter kleinen Episoden und Eindrücken die Zeit in Erscheinung treten sollte. Diese einzelnen Episoden und Sinneseindrücke wollte ich in Prosa schreiben, sie aber mit Versen durchsetzen, und in den Versen sollte dem Einmaligen des Augenblicks das Ewiggleiche der Naturvorgänge entgegengesetzt werden. Ein anderes Projekt war origineller: Es handelte sich da um eine Art von Filmvorführung, aber ohne Leinwand, abgedunkelter Raum, Lautsprecher zwischen den Sitzen verteilt, Berichte, Schlagzeilen, Fragen, Beschwörungen, Dialoge, dazwischen elektronisch-dämonisches Geisterplappern, Liebesstimmen und so fort, immer in derselben Absicht, ein Bild des Ganzen zu formen, der ganzen Menschenwelt in ihrem Nebeneinander, statt, wie es ja auch denkbar wäre und in früheren Zeiten auch gelungen ist, in der Entwicklung eines Menschen ebenfalls das Ganze zu geben. Dieser sogenannte Film ohne Leinwand, bei dem ich bewußt nicht an den Rundfunk gedacht habe, reizte mich noch immer. Ich war aber bescheidener geworden und zufrieden, wenn mir in einer kleinen Zusammenfügung von Worten und Bildern die Hervorbringung eines lebendigen Organismus gelang.

Die Worte »Waisenhaus Erde« stehen nicht von ungefähr in einem gedichtähnlichen Gebilde, das ich in jenen Märztagen niedergeschrieben habe. Von einer Hausgenossin, die in der sozialen Fürsorge arbeitet, hatte ich mir in der letzten Zeit vieles erzählen lassen, auch Statistisches, wie zum Beispiel die Tatsache, daß ungefähr zwanzig vom Hundert aller Kinder wegen anomalen Verhaltens in Behandlung sind oder zum mindesten in Behandlung gehören. Kinder also, die mit dem Kindsein nicht fertig werden, die nicht bekommen haben, was sie brauchen. Kinder, die in ihren Familien darben, und Kinder, die, in Heimen freundlich aufgenommen, mit allen neuzeitlichen Methoden getestet, nach klugen und genauen Richtlinien behandelt, ebenfalls darben. Als gehöre das Darben schon zum Kindsein, wohlgemerkt zu einem, bei dem die wirtschaftlichen Sorgen nicht im Vordergrund stehen. Mit der Geldgier der Eltern, dem Immer-mehr-Verdienen-, Immer-mehr-Haben-Wollen, ist der Notstand nicht zu erklären, vielmehr mußte da doch etwas abhanden gekommen sein, eine ursprüngliche Freude und eine ursprüngliche Geduld. Die Mütter können mit den Kindern nichts mehr anfangen, entweder sie wollen nicht erwachsen werden und keine Verantwortung tragen oder sie sind zu schnell erwachsen geworden und haben die Spiele verlernt. Bestätigung des eigenen Wesens, wie sie jeder Mensch von irgendeiner Seite her braucht, sind Kinder in den meisten Fällen nicht mehr, man kann vielleicht noch gelegentlich mit ihnen Staat machen, aber sie füllen das leere und sehnsüchtige Herz nicht mehr aus. Es bleibt immer noch Raum für Wünsche und Ängste, die sie nicht betreffen und die von ihnen nicht gestillt werden können. Die Geschichte von Hänsel und Gretel ist ein klassischer Fall für die Kinderpsychologen, was die Märchenkinder erlauscht haben vom Zwiegespräch ihrer Eltern in der Nacht, das wird jetzt *gespürt,* das nicht Gewolltsein, dem man sich nur durch Flucht entziehen kann, durch Weglaufen und durch eine stillschweigende und viel weiter tragende Entfernung in die Einsamkeit, in der dann auch Gefahren lauern, die aber durch Tapferkeit und Klugheit überwunden werden können. In der Sprache der Psychologen sind die Begriffe Verwöhnung und Verwahrlosung bedenklich nah aneinander gerückt. Auch das verwöhnte Kind kann verwahrlost sein, womit sich vielleicht erklären läßt, daß Jugendliche, die eine nach außen hin besonders glückliche Kindheit gehabt haben, sich plötzlich auf die schroffste Weise von den Eltern abwenden, so als sei alles nichts gewesen, der Sonntagskuchen mit Schlagrahm nichts, die gemeinsame Sommerreise in die Alpen nichts. Es ist, als läge kein Segen mehr auf der alten Eltern-Kinder-Beziehung, wobei man an die äußersten Fälle, wo Söhne ihre Väter verprügeln oder Mütter ihre Kinder im Dreck ersticken lassen, noch gar nicht einmal zu denken braucht. Auch das erwünschte Kind kann der Mutter zum Wechselbalg werden, vor dessen zärtlicher Berührung ihr schaudert, dessen Stimme ihr in den Ohren gellt. Soll das mein Kind sein? – und schon erfolgt die

Flucht an die Arbeitsstätte, das Abschieben ins Heim, sei nur brav, wir holen dich bald wieder, aber sie kommen nicht mehr, die Eltern, sie verziehen in eine andere Stadt. Das ist der Betrug, auch eine Vokabel aus dem Sprachschatz der Heimerzieher und eine der wichtigsten, weil die Heimkinder ja in den meisten Fällen nach Hause wollen, weil ihr eigenes unerfreuliches Zuhause immer noch ein anderes, die uralte Vorstellung einer Traumheimat, in sich schließt. Eine Traumvorstellung vom Kinderhaben muß es auch geben, sonst wären die Mutterstellen in den Kinderdörfern (mindestens sechs fremde Kinder, geringe Bezahlung, wenig oder keine Freizeit) nicht so begehrt, da wird doch etwas erwartet an Wärme, Liebe und Dankbarkeit, auf das keine Büroangestellte oder Rayonchefin eines Warenhauses rechnen kann. Diesen Müttern aus Leidenschaft, aber ohne die leidenschaftliche Ichbezogenheit vieler leiblicher Mütter, spricht am Ende die Jetztzeit die Kinder zu, so wie in Brechts Stück der nicht leiblichen Mutter, der mit dem warmen und selbstlosen Gefühl, am Ende das Kind zugesprochen wird, was alles doch auch wieder unsinnig und tragisch anmutet und eben als ein Zeichen für die Gnadenlosigkeit, die ganz im allgemeinen über der Eltern-Kinder-Beziehung heutzutage liegt. Den Eltern in jedem Fall die Schuld zu geben, sie und nicht die Kinder für behandlungsbedürftig zu erklären, liegt nahe, aber müßte man dann nicht auch wieder zurückgreifen in die Kindheit derer, die heute als Eltern versagen? Vieles war da zu besinnen, vor allem natürlich das doch auch immer wieder vorkommende rätselhafte Gelingen von Kindsein und Mutter- oder Vatersein, aber auch das Verhalten des Zehnjährigen, der sich – ein Betrogener auch er – mit dem verzweifelten Aufschrei, ich bin verloren, im Heim auf den Fußboden warf. Waren unsere Kinder wirklich verloren und mußten sie verloren sein?

Was ich bei meiner Reise vor allem fürchtete, war gerade das, was die andern für mich erhofften, daß ich nämlich zurückkäme als ein anderer, ein neuer Mensch. Ich wollte aber ein neuer Mensch nicht sein, jedenfalls keiner, der es fertigbringt, allein, das heißt ohne dich, zu leben. Überhaupt keiner, der etwas fertigbringt im Sinne gewisser Fertigkeiten, die nur auf dem Boden der Gefühlsarmut gedeihen. Schon das Alter ist gefühlsärmer als jede andere Lebenszeit, ich konnte das hier und dort um mich herum beobachten, Einschränkung, Vorsicht, Sparsamkeit, als gälte es, sich in jedem Fall zu bewahren, als sei schon jeder nächste Schritt in Frage gestellt. Was ich bewahren wollte, war nur das Eins- und Doppeltsein, ich wollte, wie ich es in einem Gedicht ausgesprochen hatte, als einer von zweien gesehen werden und mit meiner Stimme die andere, deine Stimme, noch immer vernehmlich machen. Darum auch meine nächtlichen Abschiedswege durch die Wohnung, Mitternacht vorbei, Licht nur von den Straßenlaternen hereinfallend, und die Beschwörungen, Wände, haltet euch aufrecht, Schränke, Tische, Stühle, bleibt stehen, so als könnte, sobald ich das Auge gewendet, einem ganz Neuen zugewendet hatte, all das Alte in sich zusammensinken und bei meiner Rückkehr gar nicht mehr da sein – was alles doch eine recht armselige Überschätzung der Außenwelt und Unterschätzung des in Gedanken Vollziehbaren war. Auch die Furcht, dich bei meinen Lebzeiten und deinen Todeszeiten zu überleben, war im Grunde armselig, ebenso der Gedanke, die in immer größerer Fülle vor mir auftauchenden Gestalten (neue Arbeitstitel: veuve abusive, A. und das dämonische Kind, Pflanzmaschine) könnten sich eines Tages zwischen uns drängen. Als ob du nicht noch immer Manns genug gewesen wärest, diese Schemen, von denen ich noch nicht einmal genau wußte, ob ich sie mein Blut trinken lassen werde, beiseite zu schieben. Als ob es dieser Räume und dieser wurmstichigen Möbel bedurft hätte, um deinen Schritt, deine Bewegungen in mir wachzurufen. Deine Photographien vollends waren ein armseliges Rüstzeug und nicht zu vergleichen mit den Bildern, die die Einbildungskraft hervorzubringen vermag. Was heutzutage im Bilde gesucht wird, ist das fremde Dasein, an dem man teilhaben möchte, zertrümmerte Flugzeuge, Mondkrater, exotische Königinnen, jeden Tag etwas anderes, etwas Neues, während die Abbilder der liebsten Verwandten und Freunde still in den Schubladen modern – tatsächlich sind in keiner Wohnung, die ich kenne, solche Idole noch zu sehen. Von einem anthroposophischen Ehepaar habe ich gehört, daß es an einem bestimmten Tag, zu Allerseelen oder zu Weihnachten, alle diese verblichenen Bilder und Bildchen, die Toten eines langes Lebens hervorholt, sie auf einen großen Tisch stellt und Kerzen vor ihnen anzündet – sich auch der Dargestellten zu entsinnen und mit aller Liebeskraft ihren ungewissen Existenzen Gutes zu wünschen versucht. So stark mich dieser Liebes- und Erinnerungsdienst auch beeindruckte, ich hätte ihn doch schwer ausüben können und schon gar nicht vor deinem Bilde, ich hätte dich damit erst recht unter die Toten versetzt, wo du doch gar nicht hingehörst, wenigstens nicht, solange ich lebe und du in mir lebst. Weil dies noch immer der Fall war, erschienen mir am Ende meine nächtlichen Beunruhigungen, mein Umhergehen und Den-Dingen-gut-Zureden, dieser ganze ängstliche Kult einer handgreiflichen Vergangenheit, kleinmütig und dumm. Nein, du solltest nicht sterben, auch auf dieser meiner Reise nicht. Ich würde – in einer Woche schon – an der Reling stehen und sehen, wie die Küste, die süße Vergangenheit, sich in Nebel auflöst – jenseits der Säulen des Herakles, jenseits des Ozeans, jenseits aller meiner Tage aber würdest auch du sein, auch du.

Ende März schien eine kraftlose Sonne, schmolz ein kraftloser Schnee, Nachwinterwetter, dabei noch immer unwirtlich kalt. Mein Paß war, auf seinem Wege durch die Amtsstuben, verlorengegangen, ob er noch zur Zeit wiederauftauchen würde, war nicht gewiß. Daß an dem Papier alles hing, der Paß zwar ohne mich, aber ich nicht ohne den Paß über den Ozean reisen konnte, war ein wunderlicher Gedanke; Meeresferne, Salvador, alles woraufhin ich, mit großem Bangen, während der letzten Monate gelebt hatte, konnte, da meine Verpflichtungen in Brasilien nur in einer bestimmten Zeit zu erfüllen waren, ins Wasser fallen und dort untergehen, übrigens recht sang- und klanglos und nur mit dem leisen Schmatzen, mit dem ein mittelschwerer Gegenstand im Sumpf versinkt. Während ich ganz mechanisch weiter aufräumte, einräumte und die Wintersachen mit Naphthalin besprühte, lebte ich doch, ohne Nachricht aus den Amtsstuben, gewissermaßen zukunftslos, ein Zustand, der mich für das Gegenwärtige besonders hellhörig machte. Einen alten Bekannten, der mich während dieser Zeit besuchte, hatte ich lange nicht gesehen, er war im großen ganzen (große, etwas gebeugte Gestalt, dunkle Hautfarbe, aufrührerisches Mienenspiel) derselbe geblieben, es war nur noch etwas dazugekommen, die Verfolgung nämlich, die jetzt überall, in seinen Brauen, seinen Wangenfalten, seinen Fingerecken nistete und gegen die er sich unaufhörlich zu wehren hatte. Kaum daß er ins Zimmer getreten war, deckte er schon mit einem Sofakissen das Telefon zu, und als es während seines Besuchs an der Haustür schellte, fragte er allen Ernstes, ob es wohl von Balkon zu Balkon und durch die Nachbarwohnung einen Fluchtweg gäbe. Als ich ihn notdürftig beruhigt hatte, erzählte er mir, daß »sie« hinter ihm her seien, die alten, eine Weile lang zum Schweigen gebrachten, aber nun wieder allmächtigen Schergen, natürlich nicht mehr in Uniform, sondern im eckigen Sakko der Arrivierten und mit dem keineswegs mehr auffälligen Luxuswagen vor der Tür. Was er dann im einzelnen vorbrachte, war absurd, unwahrscheinlich, eine maßlose Überschätzung der Wichtigkeit seiner Person, auf die ich in hergebrachter gedankenloser Weise mit Ausdrücken wie »Sie sehen doch wirklich zu schwarz«

und »Lassen Sie sich doch nicht verrückt machen« reagierte. Er ging endlich, wenig überzeugt, und war im nächsten Augenblick schon wieder da und mit ihm alle, in deren Augen die Angst flackerte und die sich gemieden oder verfolgt, vernachlässigt oder angegriffen sahen. Sie saßen auf meinen Stühlen und öffneten ihre Dossiers, in denen alles beieinander lag, Drohbriefe, Liebesbriefe und Empfehlungsschreiben, und die Liebesbriefe waren voll von Judasküssen, die Empfehlungsschreiben waren auf den Namen Urias ausgestellt, das bedeutete den Tod. So wenigstens lasen sie es heraus und schrien und flüsterten es mir in die Ohren, ohne Maß, ohne Sinn für die Realitäten, nur daß eben dies ihre Realitäten waren, Übelwollen, Ehrabschneiden, Verrat. Keine Krankheit, nur ein wenig zuviel an Selbstzerstörungstrieb, ein geringer Mangel an Lebenswillen, der über die schwarzen Vögel, über Wozzeks Stimmen der Tiefe hinweghören läßt. Trug und Verschwörung selbst in den Wolken und Sternen, aber bei allen Gehetzten, die ich kenne, sind es, wie übrigens auch beim Soldaten Wozzek, doch sehr reale Ereignisse, sehr historische Verfolgungen, die solchen Zerstörungstrieb ausgelöst haben. Den ihnen damals entgangenen Opfern wird über Jahrzehnte hinweg die Geißel in die Hand gedrückt, wer noch lebt, soll doch nicht mehr leben im eigentlichen vertrauensvollen Sinn. Diese unter uns wohnenden, sich selbst geißelnden Gespensterseher liegen dem nicht unschuldigen älteren Zeitgenossen schwerer auf der Brust als die in den Massengräbern verscharrten Toten. Was ihr euch immer einbildet, sagen wir, und tatsächlich ist an dem allen wenig daran, nichts Zählbares, Meßbares, nur der geheime Auftrag, sich selbst zu zerstören, aus dem dann manchmal, eben im Umgang mit den Stimmen der Tiefe als Ausdruck eines höheren Lebenswillens, auch etwas Unsterbliches entsteht.

Einen Tag nach dem eben von mir beschriebenen Besuch reiste ich ab, reiste den halben Tag und die Nacht hindurch, sah im Sternenlicht die Schneeberge, fand auch im Süden nichts von Frühling, nichts Blühendes in den Bahnwärtergärten, keinen Schleier über den Bäumen, nicht einmal jenen Geruch, der dem Frühjahr vorausgeht, Geruch nach Erde und Weidenruten, an denen der Westwind zerrt. Ich schlief kaum und sehnte mich nach Schlaf, wie mir überhaupt mein jetziger überwacher Zustand mehr zu schaffen machte als meine frühere Gleichgültigkeit, mein trauriger Stumpfsinn, der mich doch auch beunruhigt hatte. Das halbe Jahr, das seit dem ersten Anruf meines Aufraggebers verstrichen war, zog mir, freilich bruchstückhaft und nicht der Reihe der Monate nach, durch den Sinn. Ich hatte ohne Zweifel in mancher Beziehung Fortschritte gemacht, bediente den Apparat des täglichen Lebens nahezu fehlerfrei, benahm mich auch jetzt, etwa im Verkehr mit Schaffnern und Zollbeamten, gelassen, wie einer, der sich auf das Reisen versteht. Ich hatte eine Menge Dinge aufgezeichnet, die mir als erinnerungswürdig, zum mindesten als fragwürdig erschienen waren. Wie ein Jäger hatte ich auf der Lauer gelegen, die Welt meine Jagdgründe, aber das mystische Einswerden von Jäger und Wild hatte sich nicht vollzogen. Meine Erfahrungen trieben mich um, so wie etwa ein Jäger im Schlaf von den Rudeln seiner nicht auf die richtige Weise erlegten Tiere gehetzt werden mag. So verfolgte mich in jener Reisenacht alles Gesehene, aber nicht Ergründete, alles Hingeschriebene, aber nicht Verwandelte – jeder, der sich mit dem Rohstoff Leben nicht zufriedengeben will, wird mich verstehen. Am Morgen, als ich in der Hafenstadt Costanza traf, um vor der großen Reise von ihr Abschied zu nehmen, wurde es noch schlimmer oder anders schlimm. Da suchten wir in der fremden Stadt Meerespromenaden, blaues Wasser und weiße Schiffe, verirrten uns aber in öden und anrüchigen Hafengassen, stiegen bergab und bergauf durch lauter Armut und Trostlosigkeit und erblickten erst am

Abend von der Dachterrasse des höheren der beiden Wolkenkratzer aus wirklich das Meer, Meeres genug, aber nachtschattig schon und vom Eiswind gepeitscht. Grau zerbröckelt, vom Schein der ersten Lichter angefressen, zeigten sich die baumlosen Steinhalden der Hügelstadt, Kolumbus' Haus vor Tor und Türmen der Stadtmauer, Paganinis Wohnung mit gespenstischer Wäsche an Drähten, zappelnde weiße Harlekine vor einer schwarzen Wand. Aussätzig, unwirklich alles, und der nahe Abschied nur ein Vorwegnehmen jenes anderen unausweichlichen, bei dem dann auch Gedanken sich einstellen mochten wie – hier lasse ich dich zurück, in einer so eisigen Öde, allein lasse ich dich zurück, wozu dann gewiß auch die heftigsten Selbstvorwürfe gehören, wieviel mehr hätte ich sein können, tun können, dreißig Jahre verloren, vertan. Warum bist du gar nicht lustig, fragte Costanza, als sie in meiner Pension ein Bad nahm und ich auf dem Rand der Wanne saß wie in den alten Zeiten, da mußte ich unter einem Vorwand hinauslaufen, um meine Tränen zu verbergen. Sie hatte recht, ich war nicht lustig, freute mich nicht auf meine Reise, war vielmehr immer noch oder wieder einmal überzeugt, daß ich nicht zurückkommen würde, aß das fade Pensionsessen wie eine Henkersmahlzeit – Henkersmahlzeit, Henkersküsse kurz vor Mitternacht zwischen dem großen und dem kleineren Wolkenkratzer und Costanzas Gesicht im kleinen Rückfenster des Taxis, und wie gerade in diesem Augenblick etwas in mir auffuhr, eine Flamme der Zuversicht, aus lauter Schwärze, eine helle Gewißheit in der eisigen laternenklappernden Nacht.

Ein paar kurze Eintragungen im Kalender, wenige Seiten im Tagebuch über die ersten Tage auf dem Schiff. Dabei war doch alles neu, nie erlebt, ciao bambina, und grüne und rosarote Papierschlangen bei der Ausfahrt, Saxophon und Blechtellergeschmetter, Winken und Rufen, und dazwischen das Tiergeschrei, Urgeschrei der armen Auswandererfrauen, denen mit der Küste alles, was sie liebten, für immer versank. Neu der Anblick der südfranzösischen Küste von so weit draußen, wo sie dann freilich auch alles hergab, Erinnerungen an blühende Mimosen, riesige strohumflochtene Flaschen voll Algierwein, weiße Mauern, Treppenstufen, Chemin de l'Annonciade, da wohnten einmal in einem Klösterchen drei uralte Mönche, starben nacheinander und wurden nicht ersetzt. Da rechneten wir, zogen aus einem Leinensäcken gedrechselte, mit Nummern beschriebene Holzscheiben, schrieben die Würfe zu Kolonnen untereinander, drei rot impair manque, und wollten uns die Freiheit errechnen, was eigentlich auch in deine Biographie gehörte, die ich übrigens inzwischen abgeschlossen hatte, das Machwerk, die Fälschung, ohne den Hauch deines wirklichen Wesens, der mich doch jetzt wieder anwehte, als wir auf der Reede von Cannes Anker warfen und die Boote vom Land herüberkamen, dunkel vor den Lichterketten der Stadt. Küste von Frankreich, Küste von Spanien, und ein paar Wochen später, Gibraltar vorbei, würde das Zimmermädchen früh in meine Kabine kommen und freudig sagen, Madame, nous sommes dans notre mer, aber das war auf der Rückreise, und bis dahin war es noch weit. Zunächst ging es von einem Hafen zum anderen, in Autobusse gepfercht, wurden die Passagiere in den fremden Städten herumgefahren. Noch einige kräftige Schlucke Europa, süße und gallenbittere, Kathedralenfinsternis und Deckengold der Festsäle, Karavelle des fragwürdigen Kolumbus und die steinernen Beter in Belem. Da hätte es wiederum viel zu lernen gegeben, aber was ich erlernte, waren doch nur die goldenen Sandbänke vor der Mündung des Flusses Tejo, die ich mir vorstellte als einen Ort geheimer Zusammenkünfte zwischen Lebenden und Toten, und was ich noch erlernte, waren die Möwen, die ein Schiff begleiten, sechs Stunden lang, sieben Stunden lang, Möwen in Gestalt von Möwen, Seelen in Gestalt von Möwen, und immer ist eine dabei mit einer Menschenstimme, und immer ist diese die letzte, die im Grau des Abends verschwindet. Als du dich zurückwendetest, im Grau des Abends verschwandest, wurde mir übel, das hatte mit Seekrankheit nichts zu tun. Soviel ich mich erinnere, überwand ich diesen Anfall auch bald, aß zu Abend an meinem kleinen feinen Tischchen, ging später auf dem obersten Deck spazieren, da füllte sich der Himmel mit Sternen, was natürlich unrichtig ausgedrückt ist, erst von Nachtspaziergang zu Nachtspaziergang füllte er sich, und es dauerte noch lange, bis das Kreuz des Südens auftauchte, während der zähe alte Bär sich am nördlichen Horizont anklammerte und nicht versank. Das Meer war ruhig und bewegt, der Himmel wolkig und sonnenhell, die Bugwelle (gletschergrün, milchblau, schaumbedeckt) rauschte ununterbrochen, fort, fort, fort. Fort von den Gräbern, fort von den Erinnerungen, draußen sein, nirgends sein, niemand sein, nicht ankommen müssen, nicht mehr lernen müssen, was man doch nicht versteht. Einem solchen Zustand des Niemandseins glaubte ich damals mit jeder duchrauschten Stunde näherzukommen, auch die andern Passagiere schienen von ihm betroffen, bekamen, ob sie in Abendanzügen tanzten oder in brandrote Westen gekleidet die verlegene Maskerade der Rettungsübung über sich ergehen ließen, immer leerere Gesichter, immer unsicherere Bewegungen, so als habe nur das Hier oder Dort, auf jeden Fall die Berührung mit der Erde ihnen ihr eigentliches Leben verliehen. So bestiegen sie, bestieg auch ich das Karussell, die Vergnügungsmaschine, die, kaum daß der alte Erdteil endgültig verlassen war, in Bewegung gesetzt wurde und sich mit Bordspielen, Essen, Bingo, Essen, Film durch die ozeanleeren Stunden drehte. Langeweile und Gier nach dem Schrei »uomo a mare«, der, einmal ausgestoßen, laut Vorschrift überallhin weitergegeben werden sollte, nach irgendeinem Schrei, der die limonadensüße Teemusik unterbrochen hätte. Aber der Schrei kam nicht, Selbstmörder auf Schiffen fürchten den grünen Abgrund und knüpfen sich an ihren Hosenträgern in der Kabine auf. Selbst die brüllenden, speienden Auswandererfrauen waren verstummt, murmelten nur, breitschenkelig am Rand des Schwimmbeckens hockend, den Rosenkranz, während ihre jungen Söhne tanzend die Mundharmonika bliesen, die Mundharmonika blasend tanzten, Knaben mit Knaben, bergwilde Tänze, die dann, als wir uns dem Äquator näherten, auch zum Schweigen kamen.

Vom Ich in der Fremde handelt eine der wenigen Tagebuchaufzeichnungen, die ich an Bord des italienischen Schiffes gemacht hatte. Es gibt, so heißt es da, überhaupt keine Fremde, außer in der Phantasie, die ja in die neue Umgebung schon vorauseilt, aber körperlos und also besonders verletzlich und fragil. Die Tatsache, daß man, einmal wirklich auf Reisen gegangen, seinen Körper mitführt, ändert alles, schafft aus Traumspielen Wirklichkeiten, die einen großen Teil der Traumschrecken verlieren. Mein Gesicht im Spiegel, meine Hand auf der Bettkante, mein Kopfweh, Halsweh, mein zu rascher Pulsschlag, alles alte Vertrautheiten und zuverlässiger als die wenigen mitgeführten Gegenstände, die niemanden retten können. Aber das Ich rettet, am eigenen Zopf zieht man sich aus dem fremden Sumpf. Der alte Adam mit seinen Erinnerungen, guten und bösen, gut oder böse spielt da keine Rolle mehr. Es ist doch eine kleine Welt, die man in die Fremde führt, und daß es eine Welt ist mit ihren eigenen Landschaften, ihren eigenen Sonnenauf- und -untergängen, spürt man nirgends so stark wie dort, wo einen nichts angeht, wo man niemanden angeht, wo man aber mit seinem Körper und seinen Erinnerungen weiterlebt und Ringe ansetzt, ob man will oder nicht. Zu den im vorigen Abschnitt geäußerten Gedanken (nirgends sein, niemand sein) schienen diese Tagebuchaufzeichnungen in einem merkwürdigen Gegensatz zu stehen. Es muß mich aber damals beides, das Niemandsein und das Jemandsein, gleichermaßen angegangen sein. Jedenfalls hörte ich auf dem Schiff sehr bald auf, mich zu fürchten, hatte keine Todesahnungen, keine Todesängste mehr. Der Packen meines Erlebten und Erliebten trug mich wie ein dicker Rettungsring, aus dem ich den Kopf steckte, um mit blanken Augen nun doch auszuspähen, freilich nicht nach Menschengesichtern und Menschenschicksalen, sondern nach dem, was sich auf dem Wasser und über dem Wasser begab. Für diese Vorkommnisse wuchsen mir in jenen Tagen neue Sinne, Überaugen und Überohren, die in dem Immergleichen das Immerverschiedene wahrzunehmen vermochten. Zum Beispiel alle Farbtöne, mit denen Wasser und Himmel im Laufe einer Stunde aufwarteten, oder die Bewegungen, die ein gegenwärtiger, unter Umständen auch ein längst zur Ruhe gekommener Wind in den Wolken und Wassermassen erregte. Naturgefühle ohne Naturschwärmerei und von sehr anderer Art als vor Jahren am lateinischen Ufer, wo ich träge hindämmerte, hinschmatzte und in den Froschteich zurückkehren wollte. Was ich jetzt um mich herum feststellte, auch kurz – und so gut sich eben Farben und Linien mit Worten wiedergeben lassen – notierte, war bei aller Fremdheit doch kein Urschlamm, sondern Schöpfung, sehr genaue, nur eben von den gewohnten Gegenständen abgezogene Werte, die im Wesen des Menschen ihre Entsprechung fanden.

Obwohl ich mit der Natur, der wasserreichen unten und der sternenreichen oben, in jenen Tagen so stark beschäftigt war, habe ich doch bemerkt, was auf dem Schiff vorging, und wahrscheinlich auf jedem in Klassen eingeteilten Schiff vorgeht, wo schon optisch die erste Klasse auf die zweite, die zweite auf die dritte hinunterschaut, die Drittkläßer nicht zu den Zweitkläßlern, die Zweitkläßler nicht zu den Erstkläßlern vordringen dürfen, während die letzteren sich überall frei bewegen können, es aber nicht tun, von der Kommandobrücke weder die tanzenden Sterne noch die nächtlichen Tänze der Auswanderer in Augenschein nehmen. In unserer klassenlosen Gesellschaft hat diese strenge Einteilung etwas von einer archaischen Hierarchie. Während der sanfte Gong die erste Klasse in den Speisesaal ruft, stoßen auf dem untersten Deck die Kellner die verkrümmt auf den Planken liegenden Auswanderer mit Fußtritten wach, klopfen sich, statt zum Essen zu bitten, mit der hohlen Hand auf den Mund und zeigen deutlich ihre Verachtung, ihren Haß auf das Kroppzeug, das Viehzeug, das Grünliches auf den Boden speit und bei stärkerem Seegang sogleich betet und schreit. Ach, die Verdammten dort unten, und oben die seligen Götter und die Götterkinder, die sich im Teesalon in Schaumgummisesseln räkeln und durch Fingerschnalzen das Personal zu sich rufen, das dann auch herbeieilt und sich unterwürfig, aber zähneknirschend verbeugt. Die seligen Götter, die sich niemals in aller Öffentlichkeit erbrechen müssen, die nur vor dem am Sonntag im Tanzsaal aufgeklappten Altar beten und niemals schreien, allenfalls in ihren Kabinen bleiben, wo sie Schneewittchensärge voll wächserner Blumen empfangen. Zu den seligen teilnahmslosen Göttern gehörte, dank der Freigebigkeit meines Auftraggebers, auch ich, paßte aber nicht zu ihnen, was man mir offenbar ansah, genoß nur das Vertrauen der Verdammten, auch der Matrosen, der armen Teufel, über die sich der Trinkgeldsegen, unter Kellner und Köche aufgeteilt, nicht ergoß. Sie beklagten sich kaum, erzählten über dies und jenes von zu Hause (La Spezia, Sestri Levante, Levanto), von im letzten Winter erfrorenen Weinstöcken, von einer Frau, die von ihrem überraschend heimkommenden Mann beim Ehebruch ertappt und erwürgt worden war, von einem Kind, dem der junge Vater, Fünftagevater, sein Fortgehen verheimlichen mußte, und wie er sich dann in der Nacht auf Strümpfen, unmännlich und bitterlich weinend, aus dem Hause schlich. Schiffsweg nach den Himmelskörpern ausgerichtet, ölfarbenweiße mathematische Welt, in der Verwesung und Tod keinen Platz haben, also auch das Leben nicht, nur Erinnerung, Hoffnung und Furcht. Nur ich spürte nichts von dem allen, dachte nicht ans Ankommen und nicht ans Zurückkommen, war da. Ich da, du da, presente, presente, presente, wie einmal bei einer Kriegstotenfeier eine Grammophonplatte gemurmelt hatte, presente, presente, presente, wir waren verloren, wir waren gewonnen, wir waren da.

Natürlich habe ich auch auf dem Schiff, sozusagen gewohnheitsmäßig, zu arbeiten versucht. Abgesehen von meinen Notizheften und Tagebüchern habe ich auch meinen Vortrag mit auf den Liegestuhl geschleppt, wo ich mich freilich, umgeben von soviel fröhlichem Müßiggang, schämte, den Bleistift zur Hand zu nehmen. Ich bin von Natur schüchtern, falle nicht gern auf, fiel aber doch auf und unangenehm genug. Dem Handwerk des Schreibens haftet ohnehin etwas Unanständiges an, wie dem des Nacktphotographen, schon das Sichbesinnen ist verdächtig, warum will er alles so genau wissen, warum schließt er die Augen, worauf horcht er, schon sein Schweigen sondert ihn ab. Beinahe also hätte ich die Flinte ins Korn geworfen, was doch nur Wilderer tun, und nur, um sich danach, die Hände in den Hosentaschen, als friedliche Spaziergänger zu gebärden. Als ich dann doch schrieb, tat ich es verstohlen, im Schatten eines Buches (Casanova) aus der Schiffsbücherei, brachte aber auch auf diese Weise nichts zustande als Worte, die sich nicht zu Sätzen, Sätze, die sich nicht zu einer sinnvollen Gemeinschaft zusammenfinden wollten. Namentlich die immer aufs neue versuchten Verbesserungen meines Vortrages gelangen nicht, es schlichen sich da vielmehr recht unpassende Wendungen ein, die meinen allerdings weit zurückliegenden Ansichten über das Amt des Dichters geradezu widersprachen und die ich am Ende, um das ganze Gebäude nicht ins Wanken zu bringen, wieder ausstreichen mußte. Von diesen in den Text eingeschalteten und wieder getilgten Sätzen, die zum Teil einen geradezu höhnischen Klang haben, führe ich hier nur die folgenden an: Der Dichter hat kein Amt, soll keines haben, will keines haben. Der Dichter ist das Sprachrohr der Ratlosigkeit seiner Zeit. Der Dichter kann nichts tun als die Erscheinungen abtasten, er wird sich die Fingerspitzen aufreißen, in Kot fassen, in klares rinnendes Wasser, in Blut. Der Dichter soll das Erwünschte verschweigen und das Unerwünschte sagen. Jede seiner Äußerungen soll eine Zerreißprobe sein, zerreiß Leinwand, oder laß dich stoßen, in die Zukunft hinein. Der Dichter soll nicht um Humanität buhlen. Er ist ein Mensch, also ist er human. Nach allem, was ich bisher über meinen ominösen Vortrag gesagt habe, wird man verstehen, daß ich diese Sätze in meinen Text nicht einbauen konnte. Ich wollte aus ihnen auch kein Programm machen und war nicht einmal sicher, daß ich mich immer nach ihnen richten würde. Sie fielen mir nur ein, wie mir noch so manches einfiel, wenn ich mit angezogenen Knien auf meinem Liegestuhl hockte, während die Polizisten des bärtigen Neptun, riesige Augen auf die sonnenroten Rükken gemalt, die widerspenstigen Täuflinge jagten, während die ersten brühwarmen Regentropfen aus dem Äquatorhimmel fielen, während ich in meinem Tarnbuch, den Lebenserinnerungen Casanovas, las. Was für ein sonderbarer Mensch, Anstand und übelste Machenschaften, wirkliches Interesse an der Wissenschaft und Lust an Intrigen und Klatschereien. Ein Abenteurer, der, von den Großen seiner Zeit oft wie Dreck behandelt, die Würde eines großen Herrn zur Schau trägt, sie wohl auch empfindet, weil die Dinge, mit denen er sich gelegentlich beschäftigt, Iliasübertragung, Geschichte von Venedig, Geschichte von Polen, ihn über die Betrüger und Falschmünzer, zu denen er ja auch gehört, hinausheben. Wie übrigens auch in seinen Beziehungen zu Frauen viel ist von jener sublimen Kunst der Verführung und zugleich Beschützung, die nur einem großen Herren gelingt.

Als ich am siebenten Tag meiner Reise erfuhr, daß das Schiff in Bahia (San Salvador) nicht Station machen würde, war ich nicht traurig, nicht enttäuscht. Ich war da schon zu weit entfernt von meinen Traumvorstellungen und kindischen Hoffnungen, steckte schon zu tief in der Wirklichkeit dieser Meerfahrt, wußte andererseits noch nichts von dem leprösen Neger »Krüppelchen«, der sich an die Armstümpfe Stecken hatte binden lassen, mit deren Hilfe er dann für die Barockkirchen von Bahia ungezählte, gewiß sehr sehenswerte Plastiken schuf. Was ich, von dem Klang und der Bedeutung des Namens verführt, in Salvador erwartet hatte, war schon beinahe gewonnen, eine Entfernung, die sich selbst wieder aufhebt, eine Errettung, die nicht mehr nach Rettung verlangt. Du und dein Leben und dein Tod waren in mich hineingesunken, mußten nicht mehr angerufen werden, befragt werden, bezweifelt werden. Ich fuhr von dir fort und dir entgegen – ein Gefühl also des Überall-zu-Hause-Seins und Überall-mit-dir-Seins, auch ein Gefühl der Alterslosigkeit oder, genauer gesagt, der Gleichzeitigkeit und Gleichwertigkeit aller Altersstufen, die ich durchlebt hatte, die du durchlebt hattest und die auch die Altersstufen der Menschheit waren. Auch der reduzierte Mensch hat noch Mut, hat auch noch Liebe, also auch die reduzierte Menschheit, von der ich im Grunde wenig wußte, aber ebendies zu wissen glaubte, daß sie nicht untergehen, sich nicht zerfleischen und sich nicht in die Luft sprengen, sondern einen Weg finden würde zu leben, wie ich leben wollte, wie du gelebt hattest, voller Liebe und Mut. – Ich weiß allerdings nicht, ob ich mir solcher Beruhigung, solcher Ausweitung unseres Wesens in jenen Tagen wirklich schon bewußt geworden bin. In einem in der Nähe des Äquators flüchtig hingeschriebenen und erst später überarbeiteten Gedicht finde ich die Worte, ein Übergang wohin, woher wohin, die doch eher von Ratlosigkeit zeugen. Ratlosigkeit auch in der Zeit der kurzen Dämmerung, wenn niemand an Deck war als die Kinder, und die Kinder stampften so wild auf der dunklen Tanzfläche, schrien so wild zum Mond hinauf und in die Luken hinunter, kleine dämonische Schatten, und ihnen gehörte das Schiff.

Die Gretchenfrage, wie hältst du's mit der Religion, habe ich mir auf der doch eigentlich schon im vergangenen September angetretenen Reise des öfteren gestellt. Die letzten Dinge, wie sollte ich mich ihnen gegenüber gleichgültig verhalten, da ich ihnen doch schon halb anheimgefallen war und mit meinem besseren, edleren Ich. Nun, ich hielt es mit ihnen, oder sie hielten es mit mir, was manches erklären mag an Streiterei, Auflehnung und jähem Vertrauen – ein Gleichgültiger schimpft nicht, hadert nicht, zweifelt nicht, worin sich mein religiöses Leben doch abspielte, wenn ich nicht gerade in der Gnade war, das heißt, in einem Zustand, den ich so nicht gern bezeichne, aber doch nicht anders bezeichnen kann. Für die Gnade kann man nichts, kann sie auch nicht herbeiführen, jedenfalls nicht, wenn man, wie ich, nicht in die Kirche geht und keine religiösen Übungen anstellt, Versenkung, Anschaulichmachung des christlichen Leidenswegs und der christlichen Erlösung, vorgeschriebenes Sündenregister und Ablaß, dazu die guten Werke, mittels derer man auf der brüchigen Leiter der Vervollkommnung aufsteigen kann. Ich bin trotzdem überzeugt, daß es sich bei mir um dieselbe Gnade handelt, um dieselbe strahlende Seligkeit, denselben Einklang mit der Schöpfung, denselben Frieden, der ein ewiger natürlich nicht sein kann, nur eine flüchtige Ahnung von dem, was möglich wäre – alle Vorstellungen vom Garten Eden und den Gefilden der Seligen gehen auf solche Gnadenaugenblicke zurück. Neben derartigen Erhebungen kannte ich freilich auch andere ungewöhnliche Zustände, die keineswegs erfreulich waren. Gerade während meiner Schiffsreise habe ich zweimal so etwas wie übernatürliche, zumindest unnatürliche Erscheinungen gehabt, die mit den christlichen Vorstellungen nicht zusammenhingen, aber wahrscheinlich doch auf ihrem Boden gewachsen waren. Ich ging eines Tages, auf der Suche nach der Kabine einer Freundin, einen der endlosen weißen Korridore entlang, die, oft plötzlich im rechten Winkel abbiegend und gelegentlich in Sackgassen mündend, ein rechtes Labyrinth darstellen. Eine Tür stand offen, ich schaute in einen Raum, der augenscheinlich als Kinderspielzimmer eingerichtet und mit großen, grell bemalten Tieren, Löwen, Stieren und flügelspreizenden Riesenvögeln, ausgestattet war. Auf den Rücken dieser Tiere saßen Menschen, aber zu meiner Überraschung keine Kinder, sondern Erwachsene, die aber wie Kinder kreischten und hüpften oder vielmehr durch die Vibration des Schiffes oder durch gewisse in den Leibern der Fabeltiere verborgene Mechanismen unaufhörlich gebeutelt und gestoßen wurden. Da es nicht selten vorkommt, daß Erwachsene sich in ihrer Langeweile Kinderspielen zuwenden, ging ich weiter, erinnerte mich aber später an die von Schrecken verzerrten Gesichter der Reitenden und versuchte zurückzukehren, was mir aber weder an diesem noch an einem der folgenden Tage gelingen wollte – ich fand das Spielzimmer nicht mehr. Ein andermal sah ich im Speisesaal ein Kind, das zwei an feinen Hälsen blütengleich auseinandergebogene Köpfe hatte und das, schüchtern sich den Tischen nähernd, sein Händchen wie bittend ausstreckte, ohne daß jemand von dieser Gebärde oder überhaupt von dem Kinde Notiz genommen hätte. Da der ganze Vorgang sich in der entgegengesetzten Hälfte des Speisesaals, also jenseits der großen mit Schaugerichten bedeckten Tafel abspielte, kann ich einer Augentäuschung leicht zum Opfer gefallen sein. Ein paar wandernde Lichtflecke, und schon ist ein Lilienkind geboren, eine leichte Bewegung des Schiffsrumpfs, und schon beugt es demütig das Knie. Übrigens bin ich gar nicht imstande, auf so weite Entfernung einen bestimmten Gesichtsausdruck festzustellen. Ich verstehe nicht, warum es gerade die überaus große

Traurigkeit des vergeblich bittenden Kindes war, die ich im Gedächtnis behielt.

Eines Abends, Anfang April, auf dem zehnten Breitengrad und bei tropischer Hitze, ist mir der Gedanke gekommen, einen Bericht zu machen, einen Vor-Reisebericht oder auch schon Reisebericht insofern, als uns das alte Gefühl, mit einem gewissen und doch so ungewissen Ziel durch die Zeit zu reisen, nie verläßt. In der angenehmen Frischluft meiner Kabine auf dem Bett sitzend und von Kalendern, Notizbüchern und bekritzelten Zetteln umgeben, habe ich mir vorgenommen, mitzuteilen, was ein nicht mehr junger und im landläufigen Sinne nicht mehr glücklicher Mensch mitzuteilen hat. Die Geschichte einiger Monate, die Geschichte einer Lehrzeit, wie sie jeder beschreiben könnte, denn machen wir nicht immer wieder Lehrzeiten durch, ohne am Ende das Gefühl eines Erfolges zu haben, im Gegenteil, wir haben nicht wirklich achtgegeben, wir haben geträumt, wir haben versagt. Knöpfe machen, gerade Nähte nähen, gerade Furchen pflügen, das alles ist erlernbar, mit dem Säen verhält es sich schon anders, da hier jede innere Unausgeglichenheit und Unaufmerksamkeit den Schwung zerstört. Paveses Handwerk des Lebens ist am schwersten erlernbar, für mich das Handwerk des Alleinlebens, mein alter Grundsatz, immer das Nächstliegende möglichst gut zu machen, verfing da nicht mehr, was liegt fern, was liegt nah, wenn der eigene Ort nicht mehr bestimmbar ist. Mein Alter hatte die Faszination des Auf-der-Erde-Seins nicht beeinträchtigt, aber es hatte mir auch keine Sicherheit gegeben, ich war noch immer unmündig, stand noch immer nicht auf festem Grund. Obwohl doch nun wirklich keine Zeit mehr zu verlieren war, hätte ich auch diese Zeit wieder verlorengeben müssen, gab sie aber nicht verloren, sondern beschloß, sie festzuhalten, in Worten festzuhalten als eine der leidenschaftlichen und am Ende doch nicht ganz fruchtlosen Bemühungen, aus denen unser Leben besteht. Immerhin hatte ich gelernt, die nach meiner Rückkehr aus dem Totenland neu vor mir auftauchende Welt als fragwürdig zu betrachten, hatte ihr also eine Würde gegeben, die sie für den Stumpfsinnigen, Gleichmütigen nicht besitzt. Ich hatte mich von dir entfernt und war dir nähergekommen, ich hatte dich mit jedem neuen Atemzug tiefer in mich hineingerissen und wußte, daß ich dich nicht mehr verlieren konnte. Nun wollte ich ein Ende machen mit dem Ungefähren, dem Selbstmitleid, dem hektischen Schwanken zwischen Leben und Tod. Die Wahrheit, nichts als die Wahrheit und die ganze Wahrheit, die Liebe, nichts als die Liebe und die ganze Liebe, wie still war ich in diesen letzten Tagen geworden, wie andächtig sah ich an jenem Abend die Sonne, den kleinen Feuerkegel, versinken, und wie ruhig ließ ich mich tragen, einem unbekannten Erdteil zu.

Auffädeln will ich am Ende
Alles Atlantische
Ein Bild mir zu machen später
Von dem, was ich sah
Von den Wellen, den hoch aufgebäumten, schaumüberstürzten
Den zähen, dickflüssigen
Den starrhäutig gläsernen
Den erdfarbenen, schlammfarbenen, rauchgrauen
Den gletschergrünen, milchweißen, kobalt
Bild von den Himmeln
Den kühlen, frühmorgenkahlen
Den stahlblauen, veilchenblauen, gewitterschwarzen
Den rotstreifigen, purpurgefleckten, verendend im Grünstrahl
Den sternendurchlöcherten, mondlosen, mondweißen
Bild.

Auch von den Sonnen
Den blendenden, nicht ins Auge zu fassenden
Den roten am Horizont hinrollenden Bällen
Den zerlaufenen Dottern
Den Goldritzen, Gluthügeln, Kegeln
Den aufsteigenden, sinkenden, jäh in die Tiefe gerissen
Verschlungen vom Nachtwolf
Denn es gibt keine Dämmerung.

Bild von den Wolken, Graukissen, Blaukissen, Schneewähten, Fischen
Dem Federvolk, Lämmervolk, Zephir
Tiergestalten, Faunsgesicht, finstere fliehende Heerschar
Mooswolken, schwarze Gespinste
Muschel Aurora.

Auch von den Monden
Den blinkenden Sicheln
Den schaukelnden Booten
Schmalbrüstigen, dickbäuchigen
Gelbmonden, Rotmonden, Mondmann
Mit Höfen, ohne Höfe, nebelumflossen, mit Auren
Auftauchend hinter der Filmleinwand und wieder verschwindend
Mond hin, Mond her.

Nicht zu vergessen die Fische, winzige, fliegende, stahlgrau
Dicke, kobolzende
Altes Gefolge des Orpheus
Schwarz unter Wasser hinschießende Räuber
Leuchtfische, Schattenfisch, Quallen

Und ihr, meine Sterne, meine Horde, mein helles Gewimmel
Weißleuchtend, gelbleuchtend, Feuer, Türkis

Umflossen von Milchstraßen, nicht einer nur, sondern vielen
Glitzerstraßen, breitarmiges Delta des Himmels
Geht das Kreuz auf, geht der Wagen unter
Wohin alter Wagen, trottender Bär?

Und all die Bewegung
Bugtief, heckhoch, hecktief, bughoch
Stolpernde Füße, tanzende Flaschen
Schlitternde Scheiben, fliegende Bälle
Wind, der die Kopftücher wegreißt
Wind, der die Planken mit Ozean überschüttet
Rückenwind, Gegenwind, warmer Wind, kalter Wind
Sturm.

Und die Ruhe endlich, die Ruhe, Ruhe
Kein Schiff mehr vorüber
Kein Leuchtstrahl, kein Morsezeichen,
Keine Nacht, keine Sterne, kein Mond, kein Fisch
Nur die Bugwelle rauscht, rauscht, rauscht –

Nachwort

»Immer ist es mir ein großer Schmerz, ungewöhnliche und das Herz tief ergreifende Dinge ohne Dich zu erleben«, schreibt die fünfundzwanzigjährige jungverheiratete Marie Luise Kaschnitz an ihren Mann in Rom. Das Gefühl unbedingten Zusammengehörens, das aus den Briefen der beiden Ehepartner aufscheint, war ihnen Zeit ihres Lebens bewußt. Guido von Kaschnitz schreibt noch dreißig Jahre später, kurz vor seiner tödlichen Erkrankung, an seine Frau, wie verlassen er ohne sie sei, wie sehr er sie vermisse. Das Bewußtsein einer großen emotionalen Zuneigung und seelisch-geistigen Verbundenheit findet sich ebenso in dem Briefwechsel wie in den autobiographischen Texten von Marie Luise Kaschnitz wieder.

In »Wohin denn ich« wird aus der Freude über »diesen Zauber einer unauflöslichen Gemeinschaft« tiefste Klage. Das Buch ist Zeugnis einer als schicksalhaft empfundenen Liebe. Beim Rückblick auf die gemeinsame Vergangenheit schildert die Autorin das Unausweichliche ihrer Begegnung: »Unsere Wege führten trotzdem aufeinander zu, Schritt für Schritt, todsicher, geheimnisvoll auf den einen Punkt des Begegnens und Erkennens zu.« (S. 50)

Wie entstand diese ungewöhnliche Beziehung? Wer war der Mann, dem Marie Luise Kaschnitz' ganze Liebe galt und der fortan ihr Leben bestimmte? Wie fand dieses Aufeinander-Zugehen statt, das zu einer mehr als dreißig Jahre währenden Ehe führte? Die Marie Luise Kaschnitz immer als »einzigartige Verbindung zweier Menschen« empfand, als Gemeinschaft von solcher Absolutheit, daß sie beide alles andere, Freunde, Familie, sogar das einzige Kind, darüber vernachlässigt hätten.

Marie Luise Kaschnitz wurde am 31. Januar 1901 als Tochter des Freiherrn Max von Holzing-Berstett und der Elsa Freiin von Seldeneck in Karlsruhe geboren, nach den Schwestern Carola und Lonja als drittes Mädchen von der Mutter nicht eben freudig begrüßt. Der erhoffte Sohn und Stammhalter wurde dann drei Jahre später in Potsdam geboren, wohin die Familie übergesiedelt war, nachdem der Vater zum Flügeladjutanten Kaiser Wilhelms II. ernannt und vor dem Ersten Weltkrieg nach Berlin berufen worden war.

Deprimiert über die deutsche Niederlage und die Abdankung des Kaisers, nahm der Vater 1918 seinen Abschied und lebte bis zu seinem Tod 1936 auf dem angestammten Familienbesitz, dem Gut Bollschweil im Breisgau, das seine Kinder schon früher kennengelernt und wie eine Heimat liebgewonnen hatten. Vor allem die damals siebzehnjährige Marie Luise sah in dem barocken Schlößchen immer ihr eigentliches Zuhause, in das sie auch nach der Heirat in jedem Jahr ihres Lebens zurückkehrte.

Mit 23 Jahren hatte Marie Luise von Holzing 1924 in Weimar ihre Ausbildung zur Buchhändlerin beendet und arbeitete bei dem Münchner O. C. Recht Verlag. Dort begegnete das aparte junge Mädchen mit dem intelligenten Gesicht, den großen Augen unter dunklen Brauen, dem ausgeprägt wachen Interesse für zeitgenössische Kunst und Literatur – sie selber hatte bereits mit Dichtungen begonnen und eine Erzählung veröffentlicht – dem elf Jahre älteren, aus Österreich stammenden Archäologen Guido Freiherr Kaschnitz von Weinberg. Der engagierte Kunsthistoriker, der in Wien in klassischer Archäologie promoviert worden war, sah sich durch den verlorenen Weltkrieg und die Folgen der Weltwirtschaftskrise aus der wissenschaftlichen Laufbahn geworfen. Er war bei dem Münchner Verlag als Herausgeber von Kunstmappen tätig, stand aber zu dem Zeitpunkt, als er die junge Marie Luise von Holzing traf, im Begriff, München wieder zu verlassen und nach Rom

zu gehen, um am Deutschen Archäologischen Institut eine Assistentenstelle anzutreten.
So kam es, daß die beiden sich buchstäblich nur zwischen Tür und Angel trafen: Er übergab ihr, die in einer schäbigen, unbeheizbaren Dachkammer untergekommen war, sein Zimmer. Die Briketts lagen in der Badewanne, die Visitenkarte mit seinem Namen steckte an der Tür. Es sei sein Blick gewesen, sagte Marie Luise Kaschnitz später, der sie sofort fasziniert habe und der Auslöser dafür gewesen sei, daß sie ihm, sobald sie sich die Möglichkeit dazu verschafft hatte, nach Italien folgte.
In »Wohin denn ich« ist von dieser Faszination die Rede, gibt sie eine aufschlußreiche Beschreibung von Guidos Wesen. Es ist das Überraschende an diesem Buch, daß sich an ihn als ihren Partner, ihr imaginäres Du alle ihre Gedanken wenden. Wie in einem Zwiegespräch fragt sie ihn, wie sie es beschreiben solle, »daß etwas von einem Vaganten und Einsiedler an dir war (...) und doch eine Fähigkeit zur Leidenschaft, Gefühl und Erkenntnistrieb, aber das alles nicht recht zu fassen (...) glühend, schwermütig und rein zugleich war dein Blick, und wie sollte man es jemandem klarmachen aus den Daten deines Lebens, das Jünglinghafte und Männliche, das Mönchische und Anarchische, das Verbindliche und Einsame, was alles vielleicht in jedem Manne steckt, aber nicht bei jedem beherrscht wird von einer so starken, so unbestechlichen Humanität.« (S.115)
Die Hochzeit der vierundzwanzigjährigen Buchhändlerin mit dem fünfunddreißigjährigen Archäologen fand im Dezember 1925 in Bollschweil im Breisgau statt. Das junge Paar sah, was die finanzielle Lage betraf, nicht eben in eine rosige Zukunft. Das Gehalt war so klein, daß die junge Frau zeitweilig in ihr Elternhaus zurückkehrte, um in Rom die teure Miete für eine Wohnung zu sparen. Auch zur Geburt der Tochter 1928 kam sie in die Heimat zurück, wo Mutter und Kind auf dem väterlichen Gut einigermaßen sorgenfrei leben konnten.
Die ersten Ehejahre in Rom hatte Marie Luise Kaschnitz trotz

der bescheidenen Verhältnisse als die glücklichste Zeit ihres Lebens empfunden, als den Anbruch einer neuen Epoche. Die Tätigkeit ihres Mannes im Archäologischen Institut und später an der Universität bedeutete für sie, die nicht studiert, nicht einmal das Abitur gemacht hatte – das war auf dem Lyzeum für Mädchen nicht vorgesehen –, das Eintauchen in die faszinierende Welt der Wissenschaft und des Geistes. Sie nahm an Vorträgen, Führungen, Lesungen, Diskussionen teil und hat in »Orte« dieses begehrliche Wissenwollen und Erfragen, diese glühende Begeisterung für alle ihr zuvor verschlossenen Bereiche als einen gleichsam erotischen Vorgang bezeichnet.

Schon als junge Frau hatte sie zu schreiben begonnen. Nun wurden 1930 erste Erzählungen in der renommierten Zeitschrift »Die Dame« und in der Anthologie »Vorstoß« des Cassirer Verlags in Berlin veröffentlicht. Bei einem Lyrik-Wettbewerb gewann sie mit dem Gedicht »Die Wellen« vor weit bekannteren Namen den ersten Preis. Sie schrieb ihren ersten, auf kühne Weise feministischen Roman, der unter dem Titel »Liebe beginnt« 1933 ebenfalls bei Cassirer erschien und ihr das Lob von Ricarda Huch, Hermann Hesse und Thomas Mann einbrachte. Bei allem, was entstand, habe sie in ihrem Mann immer ihren besten Kritiker gehabt, sagte Marie Luise Kaschnitz später, er sei es gewesen, der sie von Anfang an gefördert, unterstützt, bestätigt habe.

Der Zweite Weltkrieg und der Terror der Nazizeit brachten für die Schriftstellerin eine bittere Zäsur. Angeregt durch die Tätigkeit ihres Mannes wandte sie sich Themen der klassischen Mythologie und der Kunstgeschichte zu. Auf den Dido-Roman »Elissa« von 1937 folgten 1944 die »Griechischen Mythen«, ihre bis heute erfolgreiche Neufassung der griechischen Sagenwelt, 1949 erschien die umfassende Biographie des französischen Malers Gustave Courbet.

Der eigentliche Durchbruch aber gelang ihr nach dem Krieg, als ihr großer Lyrikband »Gedichte« bei Claassen erschien,

dem 1948 ein weiterer Band – »Gedichte zur Zeit« – folgte. Die Nachkriegslyrik der »Trümmerdichterin«, wie ein italienischer Kritiker sie nannte, fehlte fortan in keiner Anthologie, in keinem Schulbuch mehr. Es gelang ihr, sich aus den traditionsgemäß starken Bindungen geistiger und literarischer Konventionen zu lösen. Offenheit und Toleranz, Klarsicht und Engagement geben ihrem mit vielen Preisen ausgezeichneten Werk seine unverwechselbare Prägung.
Mit dem Verleger Eugen Claassen, der ihre Bedeutung als Lyrikerin als erster erkannt hatte und fortan ihr Werk betreute, verband Marie Luise Kaschnitz eine intensive Freundschaft. Insbesondere Hilde Claassen, die Frau des Verlegers, wurde ihre Kritikerin und Freundin, mit der sie alle bis zum Jahre 1966 in ihrem Verlag erscheinenden Werke besprechen konnte. Davon ist auch in »Wohin denn ich« die Rede. Bei der Überfahrt nach Brasilien reist Frau Claassen auf dem selben Schiff mit, ist sie die gesuchte »Freundin«, und die Gespräche während der Reise drehen sich (laut Tagebuch) um das entstehende Werk, dessen Titel eine heftige Kontroverse auslöst. Die Autorin hatte den Satz von Nikolaus Lenau »Bis es mir schön wird, das Schreckliche« vorgeschlagen, die Verlegerin ihn als zu lang verworfen. Im Tagebuch von 1962 notiert Marie Luise Kaschnitz verärgert, daß nach langem Überlegen und Beraten (Ingeborg Bachmann hatte als Titel »Rückkehr aus dem Nebelland« vorgeschlagen), nach vielen Telefonaten schließlich kurzerhand der von ihrem Freund Theodor W. Adorno zitierte Vers aus Hölderlins Gedicht »Abendphantasie«, die Zeile »Wohin denn ich«, akzeptiert wurde.

In Frankfurt, wo Marie Luise Kaschnitz bis zu ihrem Tode 1974 lebte, sind die meisten ihrer Erzählungen entstanden, die Bände »Das dicke Kind« (1952), »Lange Schatten« (1960), »Ferngespräche« (1966) und »Vogel Rock« (1969).
Während eines vierjährigen Aufenthaltes von 1952 bis 1956 in

Rom, wo Guido von Kaschnitz zum Direktor des Deutschen Archäologischen Instituts ernannt wurde, entstand das Buch »Engelsbrücke« (1955), nach dessen Erscheinen die Dichterin mit dem Büchner-Preis geehrt wurde, der höchsten literarischen Auszeichnung in Deutschland. »Engelsbrücke« ist das erste von sechs Büchern autobiographischen Charakters; zu ihnen gehören »Das Haus der Kindheit« (1956), »Wohin denn ich« (1963), »Beschreibung eines Dorfes« (1966), »Tage, Tage, Jahre« (1968), »Orte« (1973) und schließlich der aus dem Nachlaß herausgegebene, von ihr selber noch vorbereitete Band »Orte und Menschen« (1986).
»Als eine ewige Autobiographin, eine im eigenen Umkreis befangene Schreiberin werde ich, wenn überhaupt, in die Literaturgeschichte eingehen«, meinte Marie Luise Kaschnitz. Doch sie wurde weit mehr: Neben Nelly Sachs und Ingeborg Bachmann zählt sie zu den großen deutschen Dichterinnen dieses Jahrhunderts. Sie schrieb in den verschiedenen Gattungen Essay und Hörspiel, Erzählung und Lyrik, Tagebuch und Erinnerung. In allem erwies sie sich als engagierte Zeitgenossin und unerbittliche Chronistin.

Auf die schöpferisch und menschlich beglückenden Jahre in Rom folgte das tragische Ereignis: Guido von Kaschnitz erkrankte unheilbar, als er, um sein wissenschaftliches Lebenswerk abschließen zu können, 1956 eine längere Studienreise antreten wollte. Die in Wien erfolgte Operation des Gehirntumors kam zu spät. Die zwei Jahre bis zu seinem Tode in Frankfurt, in denen er nahezu sprech- und arbeitsunfähig war, waren für Marie Luise Kaschnitz die schwersten und schmerzvollsten ihres Lebens. »Seine Hand hing in meinem Arm, einmal war ich eine Geliebte, jetzt eine Pflegerin, aber ich bedauerte mich nicht.« (Aus: »Orte«)
Guido von Kaschnitz starb am 1. September 1958. Bestattet wurde er auf dem Friedhof von Bollschweil, wo eine Reliefplat-

te mit zwei griechischen Reitern – die ihnen zur Hochzeit geschenkte Kopie vom Parthenonfries – sein Grab bezeichnet. Davon handelt, die geistige Mitte des Buches »Wohin denn ich« kennzeichnend, das Gedicht mit der zweimaligen Zeile »Jünglinge, einer wendet sich um nach dem andern und winkt ihm –« (S. 109/110). Es sind die Jünglinge der Reliefplatte, in denen die Dichterin auch sich selbst erkennt, als wolle der Vorangegangene sie rufen: »Auf deinem Grabstein wird man mich hinzumeißeln«. (S. 52)

Die Bewältigung der Trauer über den Verlust des geliebten Mannes, die versuchte »Rückkehr in die Welt«, ist das große Thema von »Wohin denn ich«: »Eines Tages bin ich zurückgekommen, zurück woher, davon werde ich später sprechen«, so beginnt sie ihre Aufzeichnungen. Sie verschweigt ihre Verzweiflung nicht: »Tatsächlich hatte ich die Erde aufgekratzt, um dir zu folgen, und war mit Trauer unter den Nägeln zurückgeblieben« (S. 5). Sie drückt das Unfaßbare auch in Gedichten aus: »Bänder / rückwärts gespielt / Geschnatter / Höllengelächter … / Ich melde ich will aus der Welt gehen.« (Aus: »Dein Schweigen – meine Stimme«)
Reisezeit – die Fahrten zu Lesungen und Vorträgen – wird zur Lehrzeit. Die »große Überfahrt« – die sie laut ihrem Tagebuch von März bis Mai 1962 im Auftrag des Auswärtigen Amtes nach Brasilien machte – wird in des Wortes doppelter Bedeutung verwendet. Der Tod, so oft er auch beschworen wird in diesem Buch, wird überwunden durch die Kraft des Erinnerns und der Liebe, die sie »wie ein Rettungsring« über den Abgrund trägt.
»… ich erlernte die Welt. Zum erstenmal seit vielen Jahrzehnten sah ich sie mit nur zwei Augen« – damit wird das Thema angeschlagen (S. 29). Es ist ein weibliches Buch, geschrieben von einer Frau, die ihre Situation als Alleingebliebene schonungslos zeichnet. »Ich (…) überlegte, was aus Frauen wird, die

ein Menschenalter lang in der Liebe wie auf festem Boden stehen und die dann, verlassen, wieder flüchtig werden – wie ihre Haare, beständig gegen den Strich gekämmt, zu sprühen anfangen, wie sie irrsinnig kichern, wie der Teufel einzieht in ihren einsamen Leib.« (S. 20)
In »Wohin denn ich« gelingt es der Autorin, persönliche Erlebnisse zu überpersönlichen Erfahrungen zu gestalten, den deutenden Blick auf Zeit und Umwelt gerichtet. Im autobiographischen Zeugnis beleuchtet sie die Welt und vertieft das Gesehene in der kritischen Reflexion, in der Ich und Welt sich durchdringen. Es wird in ihren »vom Persönlichen ins Allerunpersönlichste« gelangenden Erfahrungen »Leben zur Sprache gebracht, Welt zum Kunst-Stück verdichtet« (Horst Krüger).

»Immer habe ich versucht, den Blick des Lesers auf das mir Bedeutsame zu lenken, auf die wunderbaren Möglichkeiten und die tödlichen Gefahren des Menschen und auf die bestürzende Fülle der Welt«, sagte Marie Luise Kaschnitz 1955 in ihrer Rede zum Büchner-Preis. In »Wohin denn ich« wird dieser Gedanke aufgenommen. Sie beschäftigt sich darin mit dem ihr wichtigen Vortrag über »Das Amt des Dichters«, der innerhalb des Buches leitmotivischen Charakter erhält und eine nachdrückliche Entwicklung erkennen läßt.
Zu Beginn vergleicht sie den Dichter – und damit sich selbst – einem Wächter, »dem im Gegensatz zu den glücklichen Augen des Goetheschen Türmers das Unerfreuliche und Häßliche nicht aus dem Sinn kommt, der aber mit seinem beständigen Aufmerken und Festhalten der Schrecknisse diesen selbst schon etwas von ihrem Schrecken nimmt« (S. 14/15). Mit dem Wunsch, »Hoffnung und Mut« in der Welt zu verbreiten, bezieht sie zunächst eine feste Position, von der sie allmählich abrückt. Was sie statt Beschönigung fordert, ist nun »Wahrhaftigkeit«: »Es war etwas geschehen und nicht nur mir ge-

schehen, das nach einer anderen, härteren Ausdrucksweise verlangte.« (S. 121)
Gegen Ende ihrer Reise schließlich hat sie zu einer neuen, bei aller Bitterkeit verantwortungsbewußten Sicht gefunden: »Der Dichter ist das Sprachrohr der Ratlosigkeit seiner Zeit. Der Dichter kann nichts tun als die Erscheinungen abtasten, er wird sich die Fingerspitzen aufreißen, in Kot fassen, in klares rinnendes Wasser, in Blut. Der Dichter soll das Erwünschte verschweigen und das Unerwünschte sagen. Jede seiner Äußerungen soll eine Zerreißprobe sein.« (S. 170)
Die in »Wohin denn ich« beschriebenen Ereignisse haben tatsächlich stattgefunden, und auch die erwähnten Daten, Vorhaben, schon geschaffenen oder erst geplanten Werke stimmen mit der Realität überein (S. 30–32: Beschreibung eines Dorfes; S. 79/80: Aufenthalt in der Villa Massimo 1961); sie sind dem authentischen Merkbuch, von dem sie spricht, entnommen (S. 7). Die suggestive Kraft dieses Buches, das auch die Seele des Lesers zu erreichen vermag, beruht auf der sorgfältigen Komposition, vor allem aber auf der Wirkung der überaus klaren, poetischen und dennoch niemals sentimentalen Sprache.
»Selbstbildnis einer Schriftstellerin« sind diese Aufzeichnungen beim Erscheinen 1963 genannt worden. Die Autorin fügte ein Gedicht in den Text ein, dem sie später den Titel »Selbstbildnis mit sechzig Jahren« gab: »Überdruß les ich zugleich / Und Neugier aus deinen Zügen / Und die dich bewohnen / Die Worte / Geistern dir über die Stirn« (S. 145).
Die Rückerinnerung führt zu einer Tiefenerforschung des eigenen Ich. Existentielle Fragen werden gestellt: »Glauben Sie an Gott?« – »Fürchten Sie sich vor dem Tode?« – »Warum schreiben Sie?« (S. 37). »Ich stand noch immer nicht auf festem Grund«, heißt es einmal, aber auch: »Machen wir nicht immer wieder Lehrzeiten durch, ohne am Ende das Gefühl eines Erfolges zu haben?« (S. 174) Denn es gibt zwar keine »Erfolge«, aber doch eine Erkenntnis aus dieser »Lebenslehre«, die ein

Ende machen möchte mit dem ewigen »Schwanken zwischen Leben und Tod« (S. 175), sie lautet: »Die Wahrheit, nichts als die Wahrheit und die ganze Wahrheit, die Liebe, nichts als die Liebe und die ganze Liebe.«

»Wohin denn ich«, ein Buch erlebter Trauer und mutig unternommener Selbstfindung, stellt im Werk von Marie Luise Kaschnitz einen Höhepunkt dar. Es ist, intellektuell erarbeitet und seelisch vertieft, in dieser Form einzigartig und in der deutschsprachigen Literatur nicht mehr wiederholt worden.

Dagmar von Gersdorff
Berlin 1992